# LES
# CONGOLAIS

## LEURS MŒURS ET USAGES

### HISTOIRE
### GÉOGRAPHIE ET ETHNOGRAPHIE

DE

## L'ÉTAT INDÉPENDANT DU CONGO

PAR

## ALEXIS-M. G...

MEMBRE DES SOCIÉTÉS GÉOGRAPHIQUES
DE PARIS, DE BRUXELLES, DE MADRID, ETC.

ÉDITION (3ᵉ) ABRÉGÉE

DE L'OUVRAGE INTITULÉ LE CONGO BELGE ILLUSTRÉ

ORNÉE DE 2 CARTES ET DE 28 GRAVURES

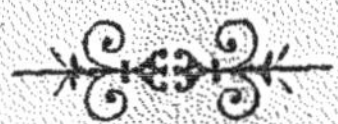

LIÈGE
H. DESSAIN, ÉDITEUR,
RUE TRAPPÉ, 7.

ALOST
PROCURE GÉNÉRALE,
RUE IMPÉRIALE.

# LES
# CONGOLAIS

62

*Indigènes Congolais des rives du Stanley-Pool.*

# LES
# CONGOLAIS
## LEURS MŒURS ET USAGES

### HISTOIRE
### GÉOGRAPHIE ET ETHNOGRAPHIE

DE

## L'ÉTAT INDÉPENDANT DU CONGO

PAR

## ALEXIS-M. G.

MEMBRE DES SOCIÉTÉS GÉOGRAPHIQUES
DE PARIS, DE BRUXELLES, DE MADRID, ETC.

---

ÉDITION (3ᵉ) ABRÉGÉE

DE L'OUVRAGE INTITULÉ LE CONGO BELGE ILLUSTRÉ

ORNÉE DE 2 CARTES ET DE 28 GRAVURES

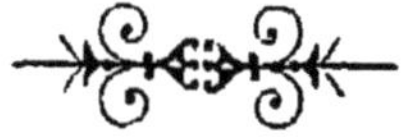

| LIÈGE | ALOST |
|---|---|
| H. DESSAIN, ÉDITEUR, | PROCURE GÉNÉRALE, |
| RUE TRAPPÉ, 7. | RUE IMPÉRIALE. |

1890

## DU MÊME AUTEUR.

### OUVRAGES ILLUSTRÉS POUR RÉCOMPENSES.

La Terre illustrée, *Géographie générale des cinq parties du monde,* in-8°, compacte, de 670 pages, avec 140 gravures et cartes.

Le Congo belge illustré, ou l'Etat indépendant du Congo, histoire, géographie, ethnographie, commerce, etc., beau volume grand in-8°, de 368 pages, avec une carte en couleurs, 30 gravures et une lettre de S. M. le Roi des Belges.

Les Congolais, leurs mœurs et usages, édition abrégée du précédent, in-8°, de 192 pages, avec 2 cartes et 26 gravures.

La Traite des Nègres *et la Croisade africaine,* in-8° ord. de 240 pages, avec 3 cartes et 28 illustrations.

La Barbarie africaine *et les Missions catholiques au Congo,* in-8°, de 204 pages, avec 2 cartes et 16 gravures.

Stanley l'Africain, *sa jeunesse et ses quatre grandes expéditions dans le continent mystérieux,* grand in-8°, 240 pages, avec 6 cartes et 24 gravures.

De Slavenhandel *en de Afrikaansche Kruistocht,* etc., édition flamande de la Traite des Nègres, in 8°, 204 p., avec 28 gravures et cartes.

De Belgische Congo, etc., édition flamande du Congo belge, grand in 8°, 250 p. env., avec 30 gravures et cartes.

La France illustrée, *géographie générale,* petit in-8°, compacte, de 672 pages, avec 65 cartes et 115 gravures.

La France coloniale illustrée, grand in-8°, de 368 pages, avec plus de 120 gravures et cartes.

Les Colonies françaises illustrées, le même que le précédent, mais en format petit in-8°, compacte, de 330 pages.

En outre divers ouvrages classiques : manuels, atlas, cartes murales, reliefs, etc.

12 Médailles d'or ou diplômes d'honneur, aux Expositions internationales de Paris, Vienne, Londres, Rio de Janeiro, New-Orléans, Bruxelles, Anvers, Barcelone, Cologne, etc.

**Palais de Bruxelles**

**Cabinet du Roi**

LE 28 NOVEMBRE 1888

Monsieur,

*Le Roi m'a chargé de vous transmettre l'expression de ses remercîments pour le livre : «LE CONGO BELGE» dont vous lui avez fait hommage. Sa Majesté en a pris connaissance avec beaucoup d'intérêt.*

*Cet ouvrage ne peut manquer d'avoir le succès qu'il mérite, et que lui souhaitent tous ceux qui désirent voir vulgariser l'Œuvre poursuivie au Congo.*

*Agréez, etc.*

*Le Secrétaire du Roi,*

Cte P. DE BORCHGRAVE D'ALTENA

MONSIEUR ALEXIS-M. G.

---

**ARCHEVÊCHÉ**
DE
**MALINES**
—

MALINES, 19 décembre 1888

M. C. F.

Je vous suis très reconnaissant de la bonté que vous avez eue de m'offrir votre excellent livre sur le Congo.

Votre travail a déjà reçu de hautes et flatteuses approbations, et de grandes bénédictions lui sont réservées. En faisant connaître ce lointain pays où nos compatriotes vont porter la lumière de l'Evangile, vous participerez dans une large mesure aux fruits et à la gloire de leur apostolat.

Veuillez agréer. etc.

† PIERRE-LAMBERT, ARCHEVÊQUE DE MALINES.

Au C. F. ALEXIS-M. G.

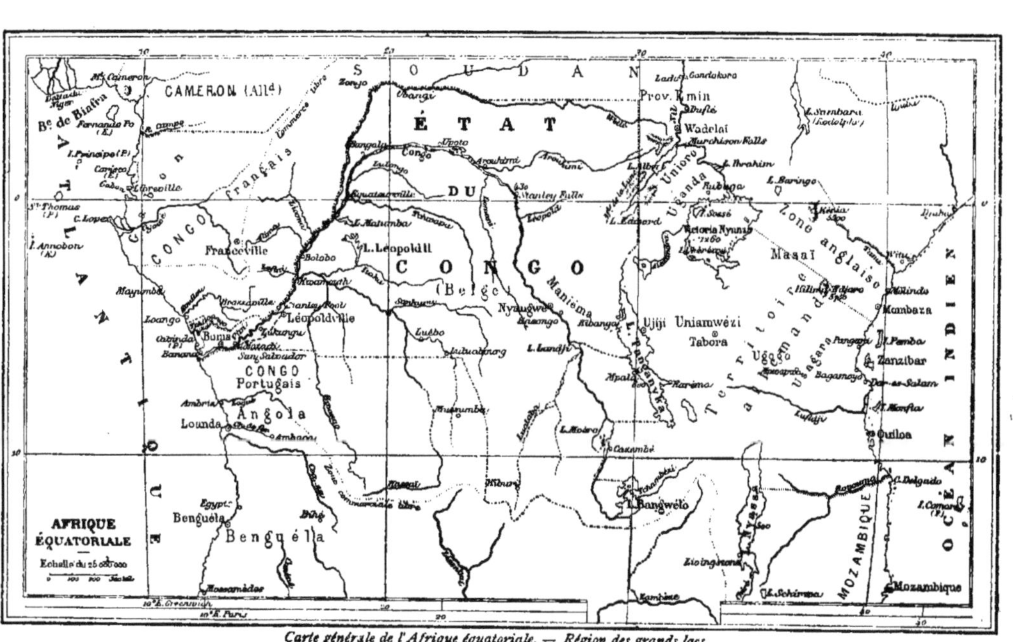


*Carte générale de l'Afrique équatoriale. — Région des grands lacs.*

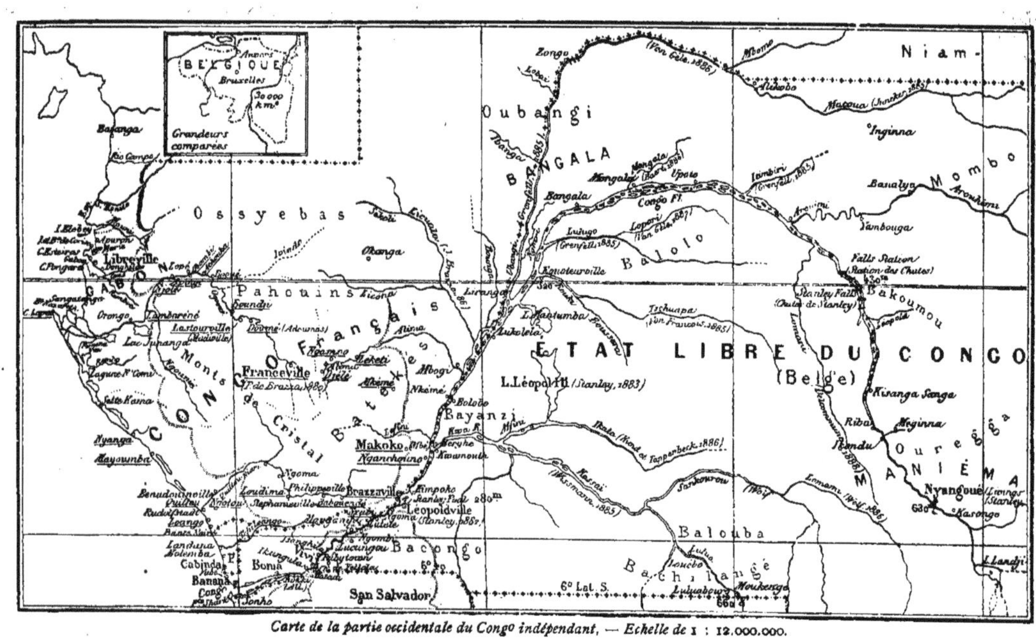

*Carte de la partie occidentale du Congo indépendant. — Echelle de 1 : 12.000.000.*

# PRÉFACE

Ainsi que nous le disions dans notre grande édition du CONGO BELGE ILLUSTRÉ, aujourd'hui que l'attention publique en Europe est tournée vers les entreprises coloniales, nul Belge ne doit ignorer l'Œuvre tentée depuis douze ans par le Roi Léopold II, pour la civilisation des Nègres de l'Afrique centrale.

L'union de la BELGIQUE et du nouvel ETAT INDÉPENDANT DU CONGO sous un même souverain, a fait de l'œuvre du Roi une « œuvre belge. »

En effet, c'est notre Roi qui dirige ce mouvement colonisateur et civilisateur en Afrique ; ce sont nos compatriotes qu'il emploie de préférence, et sur la liste des agents de l'État du Congo, figurent les noms de plus de 300 coopérateurs belges. Plusieurs d'entre eux se sont fait déjà une réputation parmi les explorateurs de l'Afrique centrale, et leur exemple excite une noble émulation parmi la jeunesse belge, notamment dans les rangs de l'armée et du commerce. De plus, notre clergé national est chargé de la noble mission d'évangéliser ces contrées. Qui sait si, parmi nos lecteurs, il ne s'en trouvera pas qui, un jour, offriront leurs services à notre Roi, « Souverain du Congo », et voueront deux ou trois années de leur jeunesse à la cause africaine ?

Or, quel Belge ne serait pas fier de tout ce qui relève son nom et sa patrie dans le monde entier ? et quelle œuvre les glorifie plus que celle du Congo aux yeux des nations étrangères, étonnées de voir la Belgique, un pays si petit en Europe, accomplir une chose si grande en Afrique ?

Bref, persuadé que faire connaître le « Congo belge » à ceux qui l'ignorent encore, le faire apprécier et aimer sont une même chose, nous adressons cette édition spéciale de nos chers CONGOLAIS à la jeunesse de nos écoles, toujours avide de récits de voyages, de scènes de mœurs, de narrations édifiantes sur les efforts de nos compatriotes pour amener à la civilisation ces intéressantes populations africaines.

PRO DEO ET PATRIA.

9 Avril 1890.

# LES CONGOLAIS

## CHAPITRE I.

### LES GRANDS EXPLORATEURS DE L'AFRIQUE CENTRALE.

LIVINGSTONE, BURTON, SPEKE, BAKER, CAMERON,
STANLEY (1840-1880).

Il semble étrange que l'Afrique, placée si près de
l'Europe, contournée depuis le temps des Romains,
soit restée jusqu'à nos jours, du moins dans son intérieur, la plus inconnue des cinq parties du monde.

Cela tient sans doute à la configuration massive de
ce continent, au manque de fleuves navigables, de
golfes profonds qui entameraient l'intérieur, et surtout à son climat généralement meurtrier pour les
Européens.

Cela tient probablement plus encore à l'état de
barbarie de ses populations, lesquelles, par là même
qu'elles sont restées sauvages, incultes, vivant au jour
le jour, ayant peu de besoins, traquées d'ailleurs par
la traite, n'ont pas su tirer parti des produits naturels
du sol, n'ont rien édifié, ni villes, ni monuments, ni
routes, n'ont pas en un mot accumulé de richesses
commerciales ou artistiques, capables d'attirer vers
elles les Européens qui ont préféré se diriger vers
l'Inde d'abord, vers l'Amérique ensuite.

Nous ne dirons rien de l'Afrique septentrionale, qui depuis longtemps est en rapport avec les riverains européens de la Méditerranée. Nous ne parlerons pas non plus des explorateurs qui ont fait connaître les côtes méridionales du continent, depuis quatre siècles que Vasco de Gama a doublé le cap de Bonne-Espérance.

Tenons-nous en à l'Afrique centrale dans laquelle se trouvent les territoires du Congo, qui nous intéressent ici d'une manière toute spéciale.

L'embouchure du fleuve Congo ou Zaïre avait été reconnue, en 1484, par Diego Cam, qui y planta sur la rive sud un *padrao*, borne en pierre ornée des armes du Portugal et d'une croix, pour marquer à la fois la prise de possession et le but religieux de la conquête. Depuis cette époque, les négociants portugais établirent des comptoirs de commerce pour faciliter les échanges avec les indigènes, sans s'aventurer dans l'intérieur du pays, au-delà de la région côtière où se créa le royaume du Congo, dont la capitale était San-Salvador. Les missionnaires catholiques seuls, armés de la croix, bravant les flèches des sauvages et un climat meurtrier, s'avancèrent plus loin afin d'étendre partout le royaume du Christ.

Mais ni les uns ni les autres ne nous ont laissé de relations bien explicites de leurs voyages, dont le but n'était pas précisément l'extension des connaissances géographiques, telles que nous le comprenons aujourd'hui.

C'est seulement au commencement de ce siècle, en 1816, que le capitaine anglais *Tuckey*, à la tête d'une expédition envoyée par la Société géographique de Londres, tenta de remonter le Congo ; mais il fut arrêté dans les rapides à 200 kilomètres de la côte, et il périt avec la plupart des siens, en un lieu où 60 ans plus tard arriva Stanley, venant, lui, de parcourir le fleuve de l'est à l'ouest.

En 1856, un missionnaire protestant, Rebmann, revenant de la côte orientale, publia une esquisse où figurait un lac immense occupant en partie le centre du continent, sous le nom d'*Ouniamouési*, qui est le nom d'une contrée. L'existence d'une mer intérieure aussi étendue, quoique affirmée par des marchands arabes qui parlaient *de visu*, excita des doutes, et la Société géographique de Londres résolut d'y envoyer des explorateurs.

Ce fut là l'origine des brillantes découvertes faites par les Anglais dans l'Afrique centrale.

De 1857 à 1859, le major Richard **Burton** et son ami le capitaine *Speke*, officiers anglais, partent de Zanzibar et arrivent à Kazeh (Tabora) et à Udjidji, où ils découvrent le lac *Tanganyka* (1858).

Burton exprime ainsi sa surprise et sa joie de cette grande découverte : « A première vue, dit-il, la disposition des arbres et le soleil qui n'éclairait qu'une partie du lac en réduisaient tellement l'étendue que je me reprochai d'avoir risqué mes jours, sacrifié ma santé pour si peu de chose, et je maudis l'exagération arabe qui avait encouragé ma folie. Je m'avançai néanmoins, la scène se déploya tout à coup et me plongea dans l'extase. Rien de plus saisissant que ce premier aspect du Tanganyka mollement couché au sein des montagnes et se chauffant au soleil des tropiques. A vos pieds, des gorges sauvages, où le sentier rampe et se déroule avec peine ; au bas des précipices, une étroite ceinture d'un vert d'émeraude, qui ne se flétrit jamais, et s'incline vers un ruban de sable, aux reflets d'or, frangé de roseaux et déchiré par les vagues.... Ce fut une ivresse pour l'âme et pour les yeux ; j'oubliai tout: dangers, fatigues, incertitude du retour. J'aurais accepté le double des maux que nous avions eu à subir ; et chacun partageait mon ravissement. »

Revenus à Kazeh, **Speke**, faisant une pointe au nord, aperçoit le lac *Victoria* (1858), le principal lac de l'Afrique ; puis il rejoint son compagnon qui voulait à peine le croire et tous deux effectuent leur retour par Zanzibar.

En 1862-63, voulant compléter sa découverte, *Speke* (2ᵉ voyage) et son ami **Grant** vont de Zanzibar au lac Victoria et découvrent le Nil-Victoria, qui en sort ; ils visitent le célèbre Mtésa, roi de l'Uganda, puis ils reviennent et descendent le Nil-Blanc, jusqu'en Egypte.

A Gondokoro, ils avaient rencontré l'ingénieur Samuel **Baker** qui, sur leurs renseignements, va découvrir le lac *Albert* et sa communication avec le Victoria et le Nil (1868). Plus tard, Baker, accompagné de sa femme, revient conquérir le Haut-Nil pour le vice-roi d'Egypte et fonde Gondokoro. L'un de ses lieutenants, Linant **de Bellefonds**, français, rend visite au roi Mtésa. En 1874, le célèbre **Gordon-Pacha**, lui succède comme gouverneur de ces provinces, mais vient mourir à Khartoum en 1883. **Emin-Pacha**, chef de la région du lac Albert, est secouru en 1888 par Stanley, qui y découvre le lac *Albert-Edward*.

Les Anglais avaient ainsi rétabli sur la carte d'Afrique les lacs du Haut-Nil, que l'antiquité avait soupçonnés, que le moyen âge avait admis, mais que les cartographes du siècle dernier avaient à tort fait effacer. Des lettres inédites du voyageur belge *de Pruyssenaere*, qui explorait à cette époque le haut Nil, nous apprennent que l'existence de ces lacs n'y était mise en doute par personne ; il se proposait de les visiter lorsque la mort l'enleva.

## LIVINGSTONE.

**David** Livingstone, missionnaire écossais protestant, **ouvre** la série des grands explorateurs qui eurent la **gloire** de faire la traversée de l'Afrique d'un Océan à **l'autre.** Dans un espace de 33 ans, en plusieurs **voyages successifs,** de 1840 à 1873, il parcourut toute l'Afrique **Australe,** d'abord en qualité de prédicant de la Société

*David Livingstone, né en 1813, en Ecosse, explorateur de l'Afrique australe et centrale, mort en 1873, près du lac Banguélo.*

évangélique de Londres, puis comme consul-général du gouvernement britannique.

**Dès** 1840, Livingstone avait évangélisé les **régions** situées entre le Cap et le Zambèze. Il avait **apparu aux** noirs comme « un messager de la Bonne **Nouvelle,** médecin du corps et de l'âme, leur prêchant la douceur et la paix, leur enseignant le respect de la vie et l'amour du travail. » Aussi avait-il acquis sur leur esprit et leur cœur une influence qui lui permit de se faire une escorte d'indigènes, d'aller partout en explorateur, le jour où en 1849, il commença ses courses géographiques.

Il découvrit le *lac Nyami* cette même année, et explora ensuite le bassin du *Zambèze*, remontant la Liambaye et la Liba jusqu'au lac Dilolo, dont une partie des eaux s'écoule vers le Kassaï. Franchissant cette rivière et le Koango, il parvint à Saint-Paul de Loanda en 1854. Il revint de là aux merveilleuses *chutes Victoria* du Zambèze (1855) et suivit ce fleuve jusqu'à Quilimane (1856), accomplissant ainsi le premier voyage transcontinental de l'Afrique dans des régions jusqu'alors inconnues.

Rentré à Londres, Livingstone y publia en 1857 la première relation complète de ses voyages, qui fut reçue avec enthousiasme, non-seulement en Angleterre, mais dans le monde entier. Dès l'année suivante, il repartit pour l'Afrique avec le titre de consul-général, ayant pour mission de chercher surtout à abolir l'esclavage et la traite des nègres. Le progrès des sciences géographiques, qui tenait le second rang dans ses aspirations, lui doit dans ce deuxième voyage l'exploration plus complète du bas Zambèze et la découverte (1859) des *lacs Nyassa et Schirwa*, entrevus au siècle dernier par les Portugais. Au troisième voyage, il explora la Ravouma et revit le lac Nyassa.

Enfin dans son quatrième et dernier grand voyage, Livingstone partit de Zanzibar (1866) avec une escorte de Cipayes indiens, qu'il dut bientôt renvoyer, et des Anjouanais des îles Comores, qui l'abandonnèrent en route. Il les remplaça par des indigènes qui lui restèrent fidèlement attachés, même comme on le verra, jusqu'après sa mort. Avec eux, il explora la Ravouma. le sud du lac Nyassa et remontant au N-O., il pénétra enfin dans le bassin du *haut Congo*, qui nous intéresse ici particulièrement. Bien reçu par le « Cazembé », roi du Lounda (1867), il trouva le *lac Moéro*, remonta la vallée du Louapoula, qui s'y jette, et découvrit le grand lac Bangouéolo (1868); de là il gagna le Tanganyka (déjà vu par Burton) et séjourna à Oudjiji, d'où il écrivit en Europe pour démentir le bruit de sa mort, que les déserteurs Anjouanais avaient fait courir (1869). Ensuite il traversa à l'ouest les forêts du Manyéma, entrevit le Loualaba et son chapelet de lacs, vit notamment le lac Kémolondo (Landji) et un autre qu'il appela Lincoln ; arrêté faute de canots pour descendre le Congo, à *Nyangoué* sous le 4ᵉ degré de latitude sud, il revint à Oudjiji, où H. Stanley, envoyé à sa recherche, le rencontra, le 10 novembre 1871.

En effet, on était depuis 4 ans sans nouvelles de Livingstone et aucune des 34 lettres qu'il avait écrites n'était parvenue en Europe. La Société de Géographie de Londres, alarmée, organisait une expédition pour le rechercher, mais elle fut prévenue par celle de Stanley, arrivant par l'Inde. Celui-ci trouva le vieillard malade, épuisé, découragé, mourant ; mais ses soins, la joie de le voir et une nourriture substantielle qu'il lui procura lui rendirent la vie. Ils explorèrent ensemble en canot la rive septentrionale du Tanganyka, pour s'assurer qu'il ne communique pas avec le Nil ; puis, refusant de rentrer en Europe, parce qu'il tenait toujours à identifier le bassin du Loualaba avec celui du Nil, Livingstone confia ses lettres et son journal à Stanley qui le quitta le 14 mars 1872.

Le docteur retourna donc dans le sud-ouest du Tanganika, visita les mines de cuivre du Katanga, remonta jusqu'au sud du Bangwéolo, traversant une région marécageuse qu'il compare à une immense éponge trempée. De nouveau épuisé par la fièvre, réduit à l'état de squelette, porté tour à tour sur les épaules de ses compagnons noirs, il parvint à Ilala, village du chef Tchitambo, où, le 4 mai 1873, David Livingstone expira sous une hutte de gazons et de branchage. — Il avait 60 ans, dont il passa la moitié en Afrique.

Voici quelques détails sur ses derniers moments :

**Mort de Livingstone.** Jusqu'au 20 avril 1873, Livingstone suit, à une certaine distance, les bords du lac Bangwélo, traversant une région coupée de nombreux cours d'eau, et de terrains marécageux et mouvants qu'il appelle « éponge ». A partir de ce moment, le voyageur devient d'une faiblesse extrême ; la mort arrive à grands pas. Chaque jour, son journal, qu'il rédigeait avec le plus grand soin, ne contient plus que la date et une ligne ou deux de renseignements.

« *21 avril.* Essayé de monter à âne ; mais obligé de me coucher. J'ai perdu trop de sang (il avait la dyssenterie) et n'ai plus de force, il faut me porter. » On le ramena au village. Le lendemain, il repartait.

« *22 avril.* Porté en kitanda, à travers une bouga. Sud-ouest, deux heures et quart. »

Le jour suivant, il ne put inscrire sur son journal que la date du jour :

« *23 avril.* » Et ainsi le 24, le 25 et le 26 avril.

« *27 avril.* Je n'en peux plus, et je reste. Suis mieux. Envoyé acheter des chèvres laitières. Nous sommes au bord du Molilamo. »

Ces lignes sont les dernières qu'il ait écrites. Le 29, avec des peines inouïes, on lui fit traverser le Molilamo et on l'installa dans le village de Tchitambo. Le 30, vers onze heures du soir, Livingstone appela son serviteur Souzi, qui couchait dans une case voisine de la sienne ; de grands cris retentissaient dans le lointain.

— Est-ce que ce sont nos hommes qui font tout ce bruit ? demanda Livingstone.

— Non, maître, dit le serviteur ; ce sont les habitants qui chassent les buffles des champs de sorgho.

Quelques minutes après, il dit lentement, et comme en délire :
Cette rivière, est-ce le Louapoula ? — Souzi lui répondit que
c'était le Molilamo. — A combien sommes-nous du Louapoula ?
— Je pense que nous en sommes à trois jours, maître.

Puis, comme sous l'influence d'une douleur excessive, il mur-
mura : Oh ! dear ! dear ! Et il retomba dans un assoupissement
profond.

Vers minuit il rappela Souzi et lui demanda de l'eau chaude et
la boîte de médicaments ; il choisit le calomel, qu'il fit placer
auprès de lui, et dit d'une voix faible :

— C'est bien ; maintenant vous pouvez vous en aller.

Ce furent ses dernières paroles.

A quatre heures du matin, Madjoura vint trouver Souzi. —
Venez voir le maître, lui dit-il ; j'ai peur, je ne sais pas s'il est
vivant. Souzi réveilla les autres serviteurs, et tous entrèrent dans
la chambre. Le lit était vide. Agenouillé au bord de sa couche,
la figure dans ses mains posées sur l'oreiller, Livingstone semblait être en prière ; et par un mouvement instinctif, chacun
d'eux se recula. — Quand je me suis réveillé, dit Madjoura, il
était comme à présent ; et puisqu'il ne remue pas j'ai peur qu'il
soit mort.

Les serviteurs s'approchaint. Une bougie collée sur la table par
sa propre cire jetait une clarté suffisante pour le bien voir.

Ils le regardèrent pendant quelques instants et ne virent
aucun signe de respiration. Mathieu lui posa doucement la main
sur la joue ; plus de doute : Livingstone était mort, et déjà
presque froid.

Ils le replacèrent religieusement sur son lit, et sortirent pour
se consulter ; presque aussitôt le coq chanta. Livingstone était
donc mort le 1er mai 1873.

(P. Blaise, d'après le Dernier Journal de Livingstone).

Ses serviteurs Souzi, Chouma et le nègre Jacob
Wainwright, qui avaient partagé toutes ses misères,
firent preuve du plus admirable dévouement. « Ils
offrirent au chef Tchitambo, dit M. Lanier, un présent pour n'être pas inquiétés dans leurs projets de
départ, firent dessécher le corps de Livingstone au
soleil, le réduisirent en momie, puis l'enveloppèrent de
calicot et le plaçant dans une écorce d'arbre autour de

laquelle fut cousu un morceau de toile à voile, ils partirent pour Tabora où ils rencontrèrent Cameron. Ils gagnèrent la côte avec leur précieux fardeau, courant mille dangers en route, et donnant ainsi à la mémoire de l'homme qu'ils avaient tant aimé, le suprême et touchant hommage d'une fidélité que la mort n'avait pu rompre. Les restes de Livingstone, ses papiers, ses notes et ses instruments furent remis intacts au consul de la Grande-Bretagne, à Zanzibar, au mois de février 1874, et aussitôt transportés en Angleterre. »

Des honneurs exceptionnels furent rendus à ses dépouilles; les obsèques eurent lieu aux frais du Trésor public, et le corps fut inhumé dans l'église de Westminster : hommages suprêmes bien dus à la grandeur des services rendus par le savant et l'homme de bien dont le nom restera comme le symbole de l'émancipation d'un continent.

## CAMERON.

A la nouvelle de Livingstone retrouvé par Stanley (1872), la Société de Géographie de Londres regrettant de s'être laissée devancer par un Américain (on ignorait alors que Stanley fut Anglais lui-même), organisa de nouveau deux expéditions pour aller à la rencontre de Livingstone, au centre de l'Afrique. L'une, qui remontait déjà par l'ouest le fleuve Congo, fut rappelée lorsque l'on connut la mort du docteur ; l'autre, qui prit par Zanzibar la route des grands lacs, était commandée par Verney Lowett **Cameron**, lieutenant de la marine anglaise, descendant d'une famille noble d'Ecosse.

En janvier 1873, Cameron quitta Bagamoyo, avec le chirurgien Dillon, le lieutenant Murphy et le jeune Moffat (ce dernier, neveu de Livingstone, mourut au

*David Livingstone chez les sauvages Balondas du Zambèze. Il se sert de la lanterne magique pour l'enseignement de la religion. (Sacrifice d'Abraham : un mouvement accidentel de l'image effraie les indigènes).*

début du voyage ; il gagna l'Ousagara, le pays d'Ougogo et l'Ounyamouézi. A Tabora, il rencontra le
convoi funèbre de l'homme qu'il cherchait, rapporté par
ses fidèles serviteurs Après avoir organisé leur retour
vers la côte, il résolut de continuer sa route dans le but
d'arriver au Loualaba et de le descendre.

A Kahouéli, il atteignit le Tanganyka, y trouva les
derniers papiers de Livingstone, équipa une barque et
entreprit l'exploration du lac. Il en fit le tour dans la
moitié méridionale, et découvrit la rivière *Loukouga*
qui s'en échappait à l'ouest, par un émissaire d'un mille
de large, fermé aux trois quarts d'un banc de sable
couvert d'herbes ; il le descendit l'espace de quatre ou
cinq milles jusqu'au point où l'amas de végétation
flottant l'empêcha d'aller plus loin.

Le hardi voyageur s'enfonça ensuite dans les régions
boisées du Manyéma, franchit nombre d'affluents et
parvint en août 1874 à Nyangoué.

Ne pouvant se procurer de canots pour descendre le
Loualaba, il voulut atteindre à l'ouest un grand lac, le
Sankorra, dont il entendait parler ; mais il fut arrêté
par les chefs du pays de Lomami, et il dut se résigner
à prendre la direction du sud-ouest. Il remonta la rive
droite du Lomami, à travers l'Ouroua, en se mêlant à
une caravane de traitants qui, plus d'une fois, eut à
combattre contre les indigènes. Dans le Kasongo, Cameron visita le lac Kasali et longea, mais à distance, le
chapelet de lacs du Loualaba ; il y fut aussi témoin de
la chasse des nègres par des trafiquants de l'Angola
qui revenaient « avec une file de 30 à 60 femmes char-
gées de leurs enfants et de gros ballots de butin, et
attachées ensemble par des cordes. » Plus à l'ouest, il
suivit le plateau du lac Dilolo, déjà parcouru par Livingstone, parvint à Bihé, enfin à Saint-Philippe-de-
Benguéla, où, malade du scorbut, il faillit mourir.

Son voyage de Bagamoyo à Benguéla avait duré 2 ans et 8 mois pendant lesquels il avait parcouru 5500 kilomètres à pied, dont 2000 en terre inconnue. Ayant ainsi accompli pacifiquement la deuxième traversée du continent africain, il fut reçu en Angleterre avec des ovations extraordinaires bien méritées.

## HENRY STANLEY.

« Il n'est pas possible de raconter les découvertes en Afrique, dit M. Wauters, sans consacrer une page, une grande page, à l'homme extraordinaire qui pendant plus de quatre années fut leur chef. Stanley a irrévocablement lié son nom à celui du Congo. Non seulement il a été le premier à dessiner géographiquement le cours inattendu du grand fleuve sur la carte, mais il vient d'ouvrir son bassin entier au libre commerce du monde. (1).

» On a longtemps discuté sur la question de savoir si Stanley est Américain ou Anglais. Tandis que les uns le disaient Yankée de l'Illinois, du Missouri ou du Connecticut, les autres le faisaient naître en Angleterre ou au pays de Galles. C'est dans ce dernier pays qu'il vit le jour. Ce qui explique l'incertitude dans laquelle on est longtemps resté à ce sujet, c'est que Stanley arriva jeune encore en Amérique, où les circonstances l'amenèrent à changer de nom.

» Henry Moreland Stanley, de son vrai nom *John Rowlands*, naquit près de la petite ville de Denbigh, (pays de Galles), en 1840. A peine âgé de deux ans, il perdit son père et l'année suivante il fut placé par sa mère à l'hospice des enfants pauvres de Saint-Asaph, où il reçut une bonne éducation et où ses progrès le

___

(1) Les *Belges au Congo*, par A. J. Wauters.

firent, jeune encore, employer à la comptabilité de
l'établissement. L'arithmétique et la géographie étaient
ses branches favorites ; elles le sont restées.... Plus
tard, il s'embarquait à bord d'un navire frêté pour la
Nouvelle-Orléans, payant le passage par son travail.
Le futur explorateur du « continent mystérieux »
avait alors seize ans.

» Arrivé à destination, son premier soin fut de chercher un emploi quelconque, les moyens de subsistance
lui faisant complètement défaut. Il le trouva dans la
maison d'un négociant de la Nouvelle-Orléans, du nom
de Stanley, dont il ne tarda pas à gagner la sympathie
et la confiance par son intelligence et son activité.
C'est cet homme honorable qui fut le premier protec-
teur de notre héros, auquel il s'attacha de plus en plus
et qu'il finit par adopter ; ce qui amena John Rowlands
à prendre le nom de Stanley sous lequel il s'est illustré
depuis. Cependant, la mort subite de son bienfaiteur,
décédé sans tester, vint tout à coup détruire sans
doute, des espérances de fortune et d'avenir....

» La guerre de la sécession qui éclate aux Etats-
Unis, en 1861, enrôle Stanley dans l'armée confédérée,
dans laquelle il prend part à plusieurs engagements,
sous les ordres du général Johnston ; puis dans la
marine où il fait aussi des actions d'éclat.

» Six mois plus tard, en 1865, son vaisseau partit
en croisière en Europe et arriva à Constantinople.
Stanley obtint un congé, fit un voyage à Smyrne et
dans l'Asie-Mineure, puis alla voir sa mère au pays
natal. De retour aux Etats-Unis, et la guerre étant
terminée, il donna sa démission de son grade d'officier
et nous le voyons aborder la nouvelle carrière qui doit
lui faire parcourir le monde, l'envoyer au centre de
l'Afrique et faire finalement de lui le célèbre Henry
Stanley : il devient journaliste.

« Sa première campagne est celle qu'il fait comme reporter du *Missouri Democrat* et de la *New-York Tribune*, à la suite de l'expédition du général Hancock contre les Indiens Cheyennes et Kiowas... Plus tard, il est nommé correspondant-voyageur du *New-York Herald*, aux appointements de 15,000 fr. par an et va suivre en Abyssinie les opérations de l'armée anglaise... Ses dépêches et ses informations eurent le mérite d'être expédiées avec une rapidité réellement surprenante : la nouvelle de la prise de Magdala, notamment, arriva à New-York un jour entier avant la même nouvelle envoyée à Londres par les officiers anglais.

« Revenu d'Abyssinie, il assiste à l'inauguration de l'isthme de Suez (1869); après quoi, toujours commissionné par le *Herald*, il entreprend un grand voyage à travers l'Asie-Mineure, le Caucase, la Géorgie et la Perse jusqu'aux Indes. En revenant vers l'Europe, en novembre 1870, Stanley s'arrêta quelque temps en Egypte, avec l'espoir d'y voir arriver Livingstone, dont la presse des deux mondes s'occupait fort en ce moment. Cet espoir ne s'étant pas réalisé, il alla en Espagne, d'où un télégramme de M. James Gordon Bennett, propriétaire du *New-York Herald*, ne tarda pas à l'appeler à Paris. »

A partir de ce moment, la biographie de Stanley est mieux connue. Après avoir été successivement employé de commerce, soldat, officier de marine et journaliste, nous allons le voir se transformer une nouvelle fois et apparaître comme explorateur et géographe. Chacun a encore présent à la mémoire le premier chapitre de son livre : *Comment j'ai retrouvé Livingstone*, où l'auteur raconte son entrevue avec M. Bennett et dans laquelle celui-ci, à brûle-pourpoint, lui demanda d'aller à la recherche de Livingstone, perdu au cœur de l'Afrique, afin de porter secours et assistance à l'illustre explorateur. C'est le début d'un véritable roman, et l'on douterait peut-être encore de la véracité de l'aventure et de ses suites, tellement l'affaire est extraordinaire, si le journal du voyageur écossais n'était là pour en attester la complète exactitude.

Voici en quels termes Stanley lui-même raconte la résolution soudaine prise par le directeur du *New-York Herald*, et l'adhésion non moins prompte qu'il donna à ce projet d'une audace toute américaine :

« Le 16 octobre de l'an du Seignenr 1869, j'étais à Madrid, rue de la Croix. A dix heures du matin, Jacopo m'apporte une dépêche; j'y trouve les mots suivants :

« Rendez-vous à Paris; affaire importante. »

Le télégramme est de James-Gordon Bennett fils, directeur du *New-York Herald*. A trois heures j'étais en route. Obligé de m'arrêter à Bayonne, je n'arrivai à Paris que dans la nuit suivante.

J'allai directement au Grand-Hôtel et frappant à la porte de M. Bennett.

— Entrez, dit une voix.

Je trouvai M. Bennett au lit.

— Qui êtes-vous? demanda-t-il.

— Stanley.

— Ah ! oui. Prenez un siège ; j'ai pour vous une mission importante.

Il jeta sa robe de chambre sur ses épaules et me dit vivement :

— Où pensez-vous que soit Livingstone ?

— Je n'en sais vraiment rien, Monsieur.

— Croyez-vous qu'il soit mort ?

— Possible que oui, possible que non.

— Moi je pense qu'il est vivant, qu'on peut le trouver, et je vous envoie à sa recherche.

— Avez-vous réfléchi à la dépense qu'occasionnera ce voyage ?

— Vous prendrez d'abord 25000 francs. Quand ils seront épuisés, vous ferez une traite d'autant, puis une troisième, et ainsi de suite; mais retrouvez Livingstone.

— Dois-je aller directement à la recherche de Livingstone ?

— Non ; vous assisterez à l'inauguration du canal de Suez. De là, vous remonterez le Nil. J'ai entendu dire que Baker allait partir pour la Haute-Egypte ; informez-vous le plus possible de son expédition. Vous ferez bien après cela d'aller à Jérusalem ; le capitaine Warren fait, dit-on, là-bas, des découvertes importantes ; puis à Constantinople. Après... voyons un peu. Vous passerez par la Crimée et vous visiterez les champs de bataille ; puis vous suivrez le Caucase jusqu'à la mer Caspienne ; on dit qu'il y a là une expédition russe en partance pour Khiva. Ensuite vous gagnerez l'Inde, en traversant la Perse ; vous pouvez écrire à Persépolis une lettre intéressante. Bagdad sera sur votre passage, adressez-nous quelque chose sur le chemin de fer de la vallée de l'Euphrate ; et, quand vous serez dans l'Inde, embarquez-vous pour rejoindre Livingstone. A cette époque vous apprendrez sans doute qu'il est en route pour Zanzibar ; sinon, allez dans l'intérieur et cherchez-le jusqu'à ce que vous l'ayez trouvé. Informez-vous de ses découvertes. Enfin, s'il est mort, rapportez-en des preuves certaines. Maintenant bonsoir, et que Dieu soit avec vous.

— Bonsoir, Monsieur. Tout ce que l'humaine nature a le pouvoir de faire, je le ferai, ajoutai-je, et dans la mission que je vais accomplir, veuille Dieu être avec moi. »

Ce qui fut dit fut fait, de point en point, avec une chance merveilleuse.

Le 6 janvier 1871, Stanley venant de Bombay, arrivait à Zanzibar, y organisait une caravane et s'avançait vers l'ouest. Après un voyage de 8 mois, le 10 novembre 1871, il retrouvait effectivement Livingstone, malade, à Udjiji, sur le lac Tanganyka.

Voici en abrégé, comment Stanley lui-même raconte ce fait émouvant. (1).

**Livingstone retrouvé.** — « Le 3 novembre, une caravane composée de quatre-vingts natifs du pays de Gouhba, province située à l'ouest du Tanganika, est arrivée d'Oudjiji. J'ai demandé les nouvelles.

---

(1) H. STANLEY. *Comment j'ai retrouvé Livingstone.* Traduction par M<sup>me</sup> Loreau ; Hachette, éditeur.

« Un homme blanc est là-bas depuis trois semaines », m'a-t-on répondu.

Cette réponse m'a fait tressaillir.

— Un homme blanc? ai-je repris.

— Oui un homme blanc....

— Comment est-il habillé ?

— Comme le maitre. (C'est moi que l'on désignait ainsi).

— Est-il jeune ?

— Non, il est vieux, il a du poil blanc sur la figure. Et puis, il est malade.

— D'où vient-il ?

— D'un pays qui est de l'autre côté du Gouhha, très loin, très loin, et qu'on appelle Manyéma.

— Vraiment! Et pensez-vous qu'il soit encore à Oudjiji?

— Nous l'avons vu il n'y a pas huit jours.

— Hourrah! C'est Livingstone, c'est Livingstone ! »

Le lendemain, Stanley, encourageant ses hommes, se dirige en hâte sur Oudjiji ; sept jours après, surmontant les plus grands obstacles, il arrive à 500 mètres du village.

— Déployez vos drapeaux, s'écrie Stanley, et chargez les armes. Un, deux, trois!...

....Près de cinquante fusils rugissent. Leur tonnerre, pareil à celui du canon, produit son effet dans le village.

— Kirangozy, portez haut la bannière de l'homme blanc! qu'à l'arrière-garde flotte le drapeau d'. Zanzibar! Serrez la file et que les décharges continuent jusque devant la maison de l'homme blanc !

« Nous n'avions pas fait 200 mètres que la foule se pressait à notre rencontre. La vue de nos drapeaux faisait comprendre qu'il s'agissait d'une caravane; mais la bannière étoilée qu'agitait fièrement Asmani produisit dans la foule un mouvement d'incertitude; c'était la première fois qu'elle paraissait dans le pays.... Prenant alors le parti qui me parut le plus digne, j'écartai la foule et me dirigeai entre deux haies de curieux, vers le demi-cercle d'Arabes devant lequel se tenait l'homme à barbe grise. Mon cœur battait à se rompre ; mais je ne laissai mon visage trahir mon émotion.

« Tandis que j'avançais lentement, je remarquai sa pâleur et son air de fatigue. Il avait un pantalon gris, une veste rouge et une casquette bleue à galon d'or fané. J'aurais voulu courir à lui; mais j'étais lâche en présence de cette foule. J'aurais voulu l'embrasser : mais il était Anglais, et je ne savais trop comment je serais reçu. Je fis donc ce que m'inspirait la couardise et le faux orgueil : j'approchai d'un pas délibéré, et dis en ôtant mon chapeau :

— Le docteur Livingstone, je présume ?

— Oui, répondit-il avec un bienveillant sourire.

Nos têtes furent recouvertes et nos mains se serrèrent.

— « Je remercie Dieu, repris-je, de ce qu'il m'a permis de vous rencontrer.

— Je suis heureux, dit-il, d'être ici pour vous recevoir....

Livingstone emmena Stanley dans sa demeure. Alors commença le récit des évènements dont l'Europe et le monde entier étaient le théâtre depuis des années que le docteur était sans nouvelles d'Europe.

— Que se passe-t-il dans le monde ? demanda Livingstone.

— Vous êtes sans doute au courant de certains faits, répondit Stanley ; vous savez, par exemple, que le canal de Suez est ouvert, et que le transit y est régulier entre l'Europe et l'Asie ?... Et le chemin de fer du Pacifique, Grant président des Etats-Unis, l'Egypte inondée de savants, la révolte des Crétois, Isabelle chassée du trône, Prim assassiné, la liberté des cultes en Espagne, le Danemarck démembré, l'armée prussienne à Paris,... la France vaincue....

« Quelle avalanche de faits pour un homme qui sort des forêts vierges du Manyéma.... »

Pendant notre conversation, nous nous étions mis à table, et Livingstone, qui se plaignait d'avoir perdu l'appétit, de ne pouvoir digérer au plus qu'une tasse de thé, de loin en loin, Livingstone mangeait comme moi, en homme affamé, en estomac vigoureux ; et tout en démolissant les gâteaux de viande, il répétait : « Vous m'avez rendu la vie, vous m'avez rendu la vie. »

« Oh ! par George, quel oubli ! m'écriai-je. Vite Sélim, allez chercher la bouteille, vour savez bien. Vous prendrez les gobelets d'argent. » Sélim revint bientôt avec une bouteille de Sillery que j'avais apportée pour la circonstance ; précaution qui m'avait souvent paru superflue. J'emplis jusqu'au bord la timbale de Livingstone, et versai dans la mienne un peu du vin égayant.

« A votre santé, docteur. — A la vôtre, monsieur Stanley. »

Et le champagne que j'avais précieusement gardé pour cette heureuse rencontre, fut bu, accompagné des vœux les plus cordiaux, les plus sincères.... »

Comme nous l'avons dit plus haut, grâce aux bons soins de Stanley, Livingstone, malade, se rétablit; ils firent ensemble une course sur le Tanganika, puis se séparant de lui à regret, Stanley reprit la route de l'Europe.

Mais un explorateur de cette trempe ne devait pas rester inactif. En 1874, les propriétaires du *New-York Herald* et du journal anglais *Daily Télégraph* s'unirent pour le charger de la mission de poursuivre et de compléter les recherches de Livingstone. A la fin de cette année, Stanley commença donc son voyage « à travers le Continent mystérieux », dont nous donnerons ici le résumé.

Après une exploration préalable de la rivière Loufidji, tributaire de la mer des Indes, il était parti de Bagamoyo, accompagné de trois anglais : Frédéric Barker, Edouard et Frank Pocock, avec une véritable armée de serviteurs, guides, porteurs et combattants, régulièrement équipés et disciplinés, au nombre de plus de 300; il emportait un bateau démonté, le *Lady-Alice*, pour naviguer sur les lacs. Cinquante membres de l'expédition avaient déserté avant l'arrivée à Mpouapoua (Ousagara); les désertions continuèrent quand on traversa l'inhospitalière contrée de l'Ougogo, où les rafales, les pluies diluviennes, les maladies décimèrent, la caravane; l'escorte en vint à manger les restes putréfiés des éléphants trouvés dans la forêt. A Souna, où mourut Edouard Pocock, plus de cent hommes avaient déjà disparu.

Quand on arriva sur la rivière Livoumbou, un des affluents supérieurs du lac Victoria, il fallut soutenir pendant trois jours un combat en règle contre les habitants; Stanley perdit vingt-et-un des siens; son escorte était réduite à 194 hommes. A la fin de février (1875), en descendant la vallée du Chimiyou, on toucha

*Vue d'Oudjiji, bourgade arabe sur la rive N.-E. du Tanganika.*

au sud du **lac Victoria**, à l'est du port de Kagéhyi. La barque *Lady-Alice* fut armée et mise à flot, et Stanley s'élança avec dix hommes sur le lac dont il longea la rive orientale. Il eut une entrevue avec M'tésa, roi de l'Ouganda, qu'il dépeint comme le plus généreux et le plus intelligent des monarques africains.

Après une excursion dans la baie Murchison, Stanley, escorté par une flottille que lui fournit M'tésa, franchit de nouveau le lac Victoria. En abordant l'île de Bambiré, il fut cerné par une bande de - deux cents noirs démons, faisant tournoyer autant de massues à fleur de nos têtes, dit-il, luttant pour nous insulter de plus près, et saisir l'occasion de nous transpercer ou de nous assommer. Il atteignit ensuite une île déserte, qu'il appela l'île du Refuge ; puis après trois jours de navigation, pendant lesquels il essuya encore une furieuse tempête et une grêle épouvantable, il rentra à Kagéhyi, où ses compagnons l'accueillirent avec des hourrahs frénétiques. Mais Stanley y apprit la mort de Frédéric Barker, l'un de ses compagnons anglais, et l'opposition des rois du sud pour lui barrer le passage. Il repartit pour le pays d'Ouganda, revit M'tésa et assista aux préparatifs d'une guerre contre les Vouavouma qui refusaient à leur roi le tribut. Après quatre combats, son habile intervention réussit à ramener la paix.

Le voyageur quitta l'Ouganda pour se rendre au **lac Albert**. M'tésa combla de présents son cher ami *Stammli*, ordonna à ses sujets de lui ouvrir le chemin de l'ouest, et plus tard lui offrit même 90,000 hommes pour se frayer un chemin vers le Mouta-Nzigé. Stanley partit d'Oulagalla, traversa la Katounga, affluent du lac Victoria, et donna à la plus haute cime des monts du Gambaragara, le nom de Gordon-Bennett. Menacé par l'hostilité des Ousangora, il ne put lancer le *Lady-*

*Alice* sur le lac Albert et dut se contenter d'en explorer le littoral au sud de Vekovia. Du Mpororo, il passa dans le Karagoué et explora le lac Alexandra qui s'écoule par l'Alexandra-Nil dans le lac Victoria.

Il pénétra ensuite dans la région du **Tanganika**, fit le tour du lac et arriva à l'embouchure de la Loukouga, mais ne put se rendre nettement compte de sa véritable direction : ses deux expériences furent contradictoires ; dans l'une le disque en bois qu'il avait placé sur la rivière fut poussé vers le lac ; dans l'autre, vers la rivière. Il supposa que, depuis le passage de Cameron (1873), les alluvions avaient exhaussé le lit de la Loukouga et obstrué son embouchure, mais que le niveau du Tanganika s'élevant, balaierait l'obstacle des boues et lui rendrait sa première destination ; ce qui se vérifia.

Fuyant l'Oudjiji où sévissait une furieuse épidémie de petite vérole, l'énergique reporter commença alors la troisième partie de son voyage du Tanganika à l'Atlantique.

En s'éloignant de Nyangoué, il abordait une région entièrement inconnue. La Loualaba changeant de nom à chacun de ses affluents, il l'appela désormais le **Livingstone**. Le *Lady-Alice* et d'autres pirogues descendirent le fleuve au milieu des populations hostiles et cannibales ; les villages étaient ornés de crânes humains. De tous côtés s'élevait le cri de guerre ; Stanley essaya plusieurs fois de négocier, on lui répondait par une grêle de traits ou des attaques nocturnes. Dans 32 combats, il lui fallut s'ouvrir un passage à coups de carabine, et verser le sang sur les bords du fleuve jusqu'au Stanley-Pool ; il fallut aussi, pour tourner les deux séries de cataractes qui barrent le fleuve, tailler dans la forêt vierge plus de 20 kilomètres de chemin et traîner les embarcations jusqu'à l'eau navigable.

Le 3 juin 1878, au passage des rapides de Massassa, non loin d'Isanghila, il eut la douleur de perdre son ami Frank Pocock, le dernier de ses trois compagnons blancs, noyé dans le fleuve ; lui-même pensa être englouti dans les cataractes de Moua et il n'échappa que par miracle aux tourbillons de Mbélo, où il fut précipité avec le *Lady-Alice*. De la dernière des 32 cataractes Livingstone, il gagna par terre Boma et arriva enfin à Kabinda, port sur l'Atlantique, le 10 août 1877, après « un voyage de 999 jours à travers le Continent Mystérieux » où il avait parcouru plus de 12,000 kilomètres de chemin.

Sa découverte du Congo est la plus fructueuse exploration des temps modernes; aussi l'Europe étonnée fit-elle à Stanley, absent depuis trois ans, un accueil triomphal, et pendant longtemps la presse et les revues savantes contèrent ses exploits.

Nous verrons dans le chapitre suivant comment Stanley descendit le grand fleuve; dans le chapitre III, comment il y retourna pour jeter les fondements de l'Etat du Congo; enfin on sait en ce moment le résultat de son expédition au secours d'*Emin-Pacha*, prisonnier sur le Haut-Nil. Parti par la côte occidentale en 1887, il remonte le Congo et l'Arouhimi, découvre le lac *Albert-Edouard*, (Mouta-Nzighé) et ramène par Zanzibar *Emin-Pacha*, (D^r allemand Schnitzler) gouverneur de Wadalaï, avec les restes des troupes égyptiennes, fuyant l'invasion des Mahdistes (1889.)

# CHAPITRE II.

## STANLEY DÉCOUVRE LE CONGO.

### RELATION DE SON VOYAGE.

Dans le chapitre précédent, nous avons fait connaître Stanley, cet explorateur hardi, incomparable, dont les travaux devaient avoir une si grande influence sur l'avenir de l'Afrique centrale.

Mais un résumé sommaire ne peut faire comprendre ce qu'il a fallu d'audace et de génie pour mener à bonne fin une entreprise comme celle de l'exploration du Congo. C'est pourquoi nous croyons intéressant de céder ici la plume à Stanley lui-même, en extrayant de son magnifique ouvrage intitulé : A TRAVERS LE CONTINENT MYSTÉRIEUX (1), quelques passages des plus saillants.

Laissant de côté ses recherches dans l'Afrique orientale, nous choisirons de préférence les détails relatifs à l'Afrique occidentale, où se trouve le « *Congo belge.* » Le lac Tanganika, Nyangwé et les forêts du Manyéma, l'embarquement sur le grand fleuve, les combats contre les cannibales dans les Stanley-Falls, la descente du « fleuve calme », la « grande bataille navale » de l'Arouwimi, le labyrinthe des îles fluviales, le Stanley-Pool et les cataractes du

---

(1) Nous recommandons la lecture de cet ouvrage de Stanley, écrit de main de maître, à tous ceux qui s'intéressent à la grande question africaine. Une excellente traduction en français, de Mme Lorcau, a été publiée en deux volumes in-8° illustrés, par la maison Hachette de Paris.

bas Congo, nous offriront, en une série de tableaux émouvants, les grandes scènes de ce drame en plusieurs actes, et nous feront connaitre à la fois la géographie, l'hydrographie et l'ethnographie de cette vaste partie du Continent Noir.

Dans ce chapitre, Stanley parlera seul : notre rôle se bornera à établir en quelques lignes la transition d'un passage extrait au suivant, par un court résumé des pages sautées.

Nous débuterons par l'exploration du grand lac Tanganika, qui forme la frontière orientale de l'État du Congo.

**Sur le lac Tanganika.** — « ...L'audacieux petit bateau de construction anglaise, le *Lady Alice*, qui a fouillé toutes les baies et toutes les entrées du *lac Victoria*, franchi sur les épaules d'hommes vigoureux les plaines et les ravins de l'Ounyoro, qui s'est arrêté au bord des falaises du golfe de Béatrice (dans le *lac Edouard*), a fait sa trouée dans les papyrus du Nil Alexandra, filé gaiement sur les petits lacs bruns du Karagoué, traversé les plaines inondées de l'Oussagoussi et passé la rivière à crocodiles de l'Ouvinnza, est maintenant sur les eaux bleues du *Tanganika*.

» Il va explorer la barrière de montagnes qui entourent celui-ci, pour découvrir l'ouverture par laquelle s'écoule, ou est supposé s'écouler le surplus de l'eau des rivières qui, depuis un temps immémorial, se versent de tous côtés dans le lac.

» Le 11 juin 1876, le bateau et sa conserve étaient prêts. L'équipage du premier avait été choisi avec le plus grand soin...

» Après beaucoup de poignées de mains, beaucoup de souhaits et de recommandations de prudence, les deux bateaux quittent Oudjidji, hissent leurs voiles et tournent leur proue vers le sud.

» Si en cette occasion, Arabes, Vouadjidji et Voua-ngouana se sont montrés plus démonstratifs qu'à l'ordinaire, c'est parce qu'ils ne croient pas que le *Lady-Alice*, une barque aussi frêle, puisse résister aux lourdes vagues du Tanganika. Avant le départ, ils déclaraient que nous serions tous noyés. Mes compagnons Voua-ngouana, se moquant de leurs appréhensions, leur racontaient nos brillants exploits autour d'un lac deux fois aussi grand que le Tanganika. Ils renonçaient alors à la discussion et se contentaient de répondre en hochant tristement la tête : « Eh bien ! vous verrez ! »...

» Pendant presque toute la journée du lendemain, nous longeâmes les pentes boisées de l'Oulammbola et les plaines fauves de l'Oukaranuga jusqu'au Malagarazi. Le 13, nous rangeâmes les éperons sourcilleux du Kahouenndi, cette côte escarpée et rocheuse, découpée çà et là par des baies aussi calmes que des étangs, et dont les hauteurs sont couvertes de grands bois...

» Le jour suivant, nous cotoyâmes un pays que mon voyage avec Livingstone m'avait rendu familier ; et à 7 heures du soir, nous campâmes à Ourimmba, à un mille environ au sud-ouest du Louhouadjéri.

» Me rappelant mes succès de 1872, je me mis en chasse le lendemain sur une terre que je regardais avec respect. Je revis l'emplacement de notre petite tente, six pieds carrés seulement, consacrés par le souvenir de relations à jamais brisées.

» Je reconnus l'arbre sur lequel nous avions hissé notre grande bannière rouge et blanche, pour servir de point de repère à la caravane égarée ; je reconnus la plaine où j'avais abattu le zèbre, la place exacte où j'avais tué une belle oie grasse pour notre déjeûner, le pic élancé de Kivannga, les montagnes de Toungoué à l'aspect fantastique, la route que j'avais prise — mes souvenirs étaient si présents qu'il me semblait recommencer la vie d'autrefois — rien ne paraissait changé...

**Les Rougas-Rougas.** — » Nous étions plongés dans cette innocente préoccupation, lorsque de sinistres objets nous apparurent — des Rougas-Rougas.

» Aussi mal venus que peuvent l'être des loups, pour le voyageur qui en hiver est seul et désarmé dans une plaine de Sibérie, sont les *Rougas-Rougas*, pour celui qui traverse les solitudes africaines. Quel que soit le motif qui les amène, leur présence annonce la possibilité, la probabilité même d'un conflit sérieux. Bandits sans foi ni loi, exclusivement voués au pillage et au meurtre, leurs mains sont toujours prêtes à répandre le sang.

» Nous parvînmes cependant à les éloigner... Mais dans la nuit, nous reçûmes la visite d'une soixantaine d'entre eux, tous armés de mousquets. Bien que l'heure fut indue et le moment inopportun, je ne voulus donner prétexte à aucune collision. Grâce à une distribution d'étoffe et à un déploiement d'inépuisable douceur, nous réussîmes à éviter une rupture avec les sanguinaires Rougas-Rougas, et, avant le jour, nous partîmes inaperçus...

» Le 19, vers deux heures de l'après-midi, nous arrivâmes en vue de Kihouéça, village qui, du lac, paraissait avoir une grande étendue. En approchant, nous fûmes frappés du silence qui régnait partout ; la vue d'un troupeau de buffles, qui paissait près du village, nous étonna plus encore.

» Les guides s'étaient arrêtés là cinq semaines avant, pour faire du commerce avec Pounda, le chef de l'endroit, et ils ne comprenaient pas comment l'apparition insolite de deux bateaux à voiles n'attirait pas tous les habitants sur le rivage.

» Nous résolûmes de chercher la cause de cette abstention. De tous côtés, un silence de mort ; sur la berge et parmi les roseaux qui bordaient le sentier conduisant au village, des vases de terre ayant peu servi, des tabourets, des bâtons, des balais, des gourdes, etc., etc. Tout cela était de mauvais augure. Craignant un piège, nous revînmes précipitamment à nos barques, où je fis armer trente hommes. Ainsi garantis contre toute surprise, nous regagnâmes le sentier où nous avançâmes avec précaution.

» Comme nous atteignions le plateau sur lequel était le village, nous vîmes un spectacle qui figea le sang dans nos veines : le cadavre d'un vieillard dans un état de décomposition avancée, ayant au dos une large plaie faite par une lance, et près de lui une mare de sang desséché ; la mort devait remonter à cinq ou six jours. Un peu plus loin était le corps décapité d'un autre homme ; puis dans un fossé, les cadavres d'une femme et de trois hommes, dont l'un n'avait plus de membres...

» Nous arrivâmes au village. Les palissades étaient abattues et brûlées. Une cinquantaine de huttes étaient encore debout ; toutes les autres avaient été détruites par le feu. Quelques bananiers calcinés témoignaient de la fureur de l'incendie ; mais en dépit des ruines et des charbons éteints qui couvraient le sol, on ne pouvait mettre en doute la fuite précipitée des habitants ; les objets qui constituent le mobilier des familles indigènes : nattes, lances, gobelets, poterie de cuisine de toute dimension, cannes, massues, paniers, bassins, plats en bois, écopes, etc., étaient disséminés en tel nombre qu'un musée africain on aurait été comblé.

» Des signes évidents prouvaient que cette dévastation était récente : les débris de charpente et de palissade fumaient encore, les foyers avaient conservé leur chaleur et les cadavres n'étaient pas putréfiés. Un chat noir s'élança de l'une des huttes restées debout ; mouvement inattendu, qui dans ce lieu de mort et de vengeance, nous fit tressaillir...

» Pounda, le chef du village, avait sans aucun doute, provoqué l'ennemi inconnu. Dans l'opinion de Para, cet ennemi ne pouvait être que les Rougas-Rougas de Ndéreh.

— Le 31 juillet, Stanley rentrait à Oudjidji, après une absence de cinquante et un jours pendant lesquels il avait effectué, sans accidents et sans la moindre maladie, une navigation de plus de huit cent dix milles. La côte du Tanganika a un développement total d'environ neuf cent trente milles, soit environ 1500 kilomètres. — Stanley trouve l'épidémie sévissant dans la ville d'Oudjidji ; il se hâte de la quitter pour passer à l'autre bord. De là, il se dirige par terre et par eau, transportant ou traînant son bateau le *Lady-Alice.* — Il est accompagné d'un seul blanc, le jeune anglais Frank Pokock, et escorté de 150 hommes, Zanzibarites et nègres de l'Ouanyamouési et de l'Ouangouana, qui lui servent de soldats et de porteurs. — On voyage par monts et par vaux dans la direction de l'ouest, cherchant à atteindre Nyangwé.

**Tippo-Tib.** — Le 26 octobre, avant d'arriver à Nyangwé, Stanley fait la connaissance de Tippo-Tib, métis Arabe nègre, riche marchand d'esclaves et d'ivoire, natif de Zanzibar.

» ... Le célèbre Hamed-ben-Mohammed, autrement appelé Tippou-Tib, ou, comme le prononcent invariablement les indigènes, Tippo-Tib, était un homme de grande taille, jeune, à barbe noire, aux mouvements prompts et agiles, un type de force et d'énergie. La peau était négroïde, mais la figure intelligente et belle avec un clignement d'œil nerveux et des dents admirables, d'une forme parfaite et d'une blancheur étincelante.

» Il était accompagné d'une suite nombreuse de jeunes Arabes, qui le regardent comme leur chef, et d'une vingtaine de Vouangouana et de Vouanyamouési, qu'il a menés à travers l'Afrique, sur des espaces de milliers de milles.

» De l'air et du ton d'un Arabe bien né, presque ceux d'un homme de cour, il me souhaita la bienvenue au village de Mouana Mammba, et se posa en face de moi sur la natte et le coussin qu'avaient apportés ses esclaves. Un murmure d'admiration provoqué par l'élégance et la noblesse de ses manières, échappa aux assistants.

» Après l'avoir examiné pendant quelques minutes, j'en arrivai à cette conclusion que j'avais sous les yeux un homme remarquable, le plus remarquable de tous ceux que j'eusse encore rencontrés en Afrique. D'une tenue très soignée, il portait des vêtements d'un blanc sans tache, un fez tout neuf, un riche dioulé pour ceinture, et une dague ornée d'un merveilleux filigrane d'argent.

» L'individu que je viens de décrire était l'Arabe qui avait escorté Cameron depuis le Loualaba jusqu'à l'Outotéra, par 5° de latitude sud et 23° 34' de longitude est. Il n'y avait, conséquemment à Nyangwé, personne qui, mieux que lui, pût me faire connaître la direction suivie par mon prédécesseur.

» Les renseignements qu'il me donna, confirmés, en outre, par Saïd Méozroui et d'autres Arabes, prouvaient suffisamment que le grand problème était encore intact, juste à l'endroit où l'avait laissé Livingstone, lorsque, dans l'impossibilité de continuer sa route, l'illustre voyageur avait quitté Nyangwé pour n'y plus revenir.

» C'était pour l'expédition une nouvelle d'une extrême importance. Nous étions arrivés au point critique de notre voyage ; la destinée dépendait maintenant de la décision que j'allais prendre... »

Il raconte ensuite les débats de la convention qu'il fit avec Tippo-Tib, et comment celui-ci s'engagea, moyennant 5000 dollars, à l'accompagner avec ses Arabes, depuis Nyangwé, pour faire vers le N.-O. « soixante marches de quatre heures de route. » N'ayant pu obtenir à Nyangwé ni canots, ni même l'autorisation de descendre le Loualaba (Congo), l'explorateur se voit forcé de se diriger par terre à travers les forêts du Manyéma, afin d'atteindre le grand fleuve en un point quelconque en aval de Nyangwé.

*Tippo-Tib, métis arabe, chef de la région des Stanley-Falls et du haut Congo (1875-1890.)*

**A Nyangwé.** — « Nyangwé est une bourgade arabe et nègre située sur le Loualaba à 4° 16′ de latitude sud. Si vous suivez le parallèle de latitude 4° à l'est de l'océan Indien, vous observerez que de là il y a 13 1/2 degrés de longitude, soit **810 milles** géographiques. Si vous mesurez la distance de Nyangwé à l'Atlantique, vous trouverez, le long du même parallèle, 15 1/2 degrés, soit 930 milles géographiques. — La moitié orientale de l'Afrique est généralement connue, mais la moitié occidentale était encore entièrement inexplorée. Pour un voyageur arrivant de l'est et aimant à explorer des contrées inconnues, quelle immensité s'étendait là devant moi ! La plus grande moitié de l'Afrique n'était qu'une page blanche, une région mystérieuse peuplée de nains, de cannibales et de gorilles, à travers laquelle cette immense rivière coulait vers l'Atlantique sans profit pour la civilisation. Partout l'obscurité et l'ignorance concernant son cours !

» Aucun de mes prédécesseurs, Livingstone et Cameron, n'avaient pu obtenir de canots à Nyangwé, et je ne réussis point davantage. Les Arabes de cet endroit, qui prétendaient s'intéresser beaucoup à ma sécurité, ne voulait pas me permettre de partir. Mais mon destin semblait me pousser en avant. J'écoutais les histoires qu'ils me contèrent des caravanes sans nombre qui avaient essayé de traverser ce pays et qui avaient été massacrées, mais j'avais calculé mes ressources et mesuré mes forces et ma persévérance. Je déclarai aux Arabes que j'avais l'intention d'essayer la chose.

» Le 4 novembre 1876, je passai en revue les membres de l'expédition. Ils étaient au nombre de cent quarante-six et nous possédions les armes suivantes :

» Vingt-neuf sniders, trente-deux fusils à percussion, deux winchesters, deux fusils doubles, deux révolvers et soixante-huit haches.

» Des soixante-cinq fusils, quarante seulement étaient entre les mains d'hommes sur lesquels on pouvait compter, le reste de la bande se composait de simples *pagazis*, qui auraient mieux aimé devenir esclaves que de combattre pour leur liberté et leur vie. Mais comme porteurs, ils étaient précieux ; des hommes faisant bien leurs devoirs et fidèles à leurs engagements, lorsque la frayeur ou des influences étrangères ne les poussaient pas à la désertion.

» La bande considérable, amenée par Tippo-Tib, dissipa les

dernières craintes de mes gens ; et quand je leur eus demandé s'ils étaient disposés à tenir les promesses qu'ils m'avaient faites à Zanzibar et au Mouta-Nzighé, ils me répondirent tous par l'affirmative.

» Alors, ce soir, mes amis, leur dis-je, empaquetez vos effets, et demain matin, au point du jour, soyez en lignes devant ma case, tous, prêts à partir... »

**La forêt du Manyéma**. — « Le lendemain, 5 novembre, nous partîmes de Nyangwé, après avoir gravi une pente élevée couverte d'herbes, et nous eûmes devant nous la sombre muraille d'une forêt qui commençait au bord du fleuve, décrivait une courbe au sud-est, où elle rejoignait des montagnes et se perdait à l'horizon.

C'est cette immense et impénétrable forêt qu'il faut traverser.

» Mille difficultés : la famine, la maladie, l'hostilité des indigènes peuvent nous empêcher d'accomplir notre dessein ; les obstacles peuvent être plus forts que nous ; mais notre espoir est grand et notre but élevé. Avançons donc, Dieu nous conduira ; notre sort est entre ses mains, qu'il en dispose, suivant sa volonté...

» L'étape du 6 novembre nous fit gagner cette forêt sinistre dans laquelle nous entrâmes, disant adieu au soleil...

» Accoutumés à une marche rapide, nous devions nous arrêter sans cesse, attendre avec patience qu'on pût faire quelques pas. Pendant ce temps là, les arbres nous versaient leur rosée, chaque feuille pleurait sur nous ; et de toutes les branches, de toutes les lianes, de toutes les tiges, l'eau nous arrivait en larges gouttes. Au-dessus de nos têtes, des lits de rameaux enlacés nous cachaient la lumière. Nous ne savions pas si le jour était clair ou sombre, ensoleillé ou brumeux. Nous marchions au milieu d'un faible crépuscule, celui des climats tempérés, une heure après le coucher du soleil.

» Bientôt la piste argileuse devint une boue tenace, d'où à chaque pas, l'eau qu'elle renfermait était lancée sur les jambes du voisin.

» A droite et à gauche, les arbustes du fourré, cette basse classe du monde végétal, s'élevaient à vingt pieds de hauteur. Le sol, terreau d'un brun sombre, formé par l'accumulation tant de fois séculaire des débris de la forêt, et sans cesse abreuvé, constitue une couche chaude d'une puissance prolifique étonnante. Retenue par l'argile sous-jacente, l'humidité nourricière est aspirée par les myriades de racines des buissons et des herbes. Toutes ces plantes, d'une diversité inouïe, qui croissent avec tant de vigueur dans cette ombre tranquille et moite, seraient desséchées par le moindre vent. Mais quelle bourrasque pourrait visiter ces cloîtres ombreux ? La tempête a beau mugir au dehors, un calme absolu n'en règne pas moins dans les profondeurs de cet océan de verdure.

» On n'a qu'à tirer sur un jeune arbre pour savoir que le terrain meuble n'a aucune force de rétention, et que les racines de l'arbrisseau n'ont pas pénétré dans l'argile ; même celles des géants de la forêt n'y sont pas entrées profondément, comme on peut le voir par leurs racines à moitié découvertes : ils semblent rester debout plutôt en raison de la largeur de leur base que par l'empoignement de la terre.

» A chaque instant nous descendions dans des tranchées où passent des ruisseaux qui vont rejoindre la Kounda et sortent de profondeurs feuillues composées de dattiers, d'amomées, de carpodinées et de phryniées. Il fallait ensuite gravir l'escarpement de la berge à travers la fourrée d'amomes, de bananiers et de figuiers, emmêlée de tiges grimpantes ou rampantes : nouveau genre de marche qui naturellement n'améliorait pas notre caractère.

» La rosée tomba jusqu'à dix heures, nous frappant sans cesse de ses larges gouttes. Nos vêtements en étaient saturés ; mon casque me semblait chargé de plomb. Comme il ne m'était d'aucune utilité dans cette ombre épaisse, je le remis à l'un de mes porteurs d'armes. J'avais assez du poids de mes habits, de mes guêtres et de mes bottes où l'eau clapotait bruyamment. A l'humidité extérieure, s'ajoutait la transpiration qui exsudait de tous les pores, car on étouffait ; la chaude vapeur du sol montait visiblement et formait un nuage gris au-dessus de nos têtes. Le matin, cette buée avait été si épaisse que nous pouvions à peine distinguer le feuillage des arbres qui nous environnaient.

» A trois heures, nous atteignîmes Mpotira, à vingt et un milles de Nyangwé.

» Les porteurs du *Lady-Alice* n'arrivèrent que le soir. Fardeaux effroyables que ces lourds fragments de bateau à faire passer, comme autant de charrues, à travers l'épaisseur du feuillage. Nos hommes se plaignirent amèrement de la fatigue ; et en leur faveur, nous nous arrêtâmes à Mpotira.

**Arrivée au Congo. L'inconnu**. — « Le 19 novembre, une marche de cinq milles dans la forêt de l'ouest de Kammpounzou, nous fit gagner le Loualaba, par 3° 35' de latitude méridionale, juste à quarante et un milles géographiques (75 kilomètres) de Nyangwé. Une observation faite dans l'après-midi me donna pour longitude 25° 49' à l'est du méridien de Greenwich (23° 29' de Paris).

Le nom de Loualaba s'arrête ici. Désormais je ne donnerai plus au fleuve que celui de *Livingstone* (1)...

» Descendant vers l'inconnu enveloppé de nuages, vers le pays des fables et du mystère, peut-être ses eaux brunes longeaient-elles le pays des anthropoïdes, celui des pygmées, ou des hommes dont parlait Roumanika et qui se font « une couverture de leurs oreilles. » Peut-être, dans les centaines de lieues qu'il traversait, ce fleuve baignait-il des terres peuplées de tribus innombrables, absolument ignorées des autres continents. Peut-être le redoutable Macoco, cité par Biaz, Cada-Mosto et Drapper, avait-il un héritier de son ancien royaume, entouré d'une pompe barbare ! Assurément, pensai-je, quelque chose d'étrange existe dans la vaste étendue qui sépare Nyangwé de la limite extrême de Tuckey, étendue marquée en blanc sur nos cartes !

» *Je veux relier ces deux points*, me dis-je. Nous avons laborieusement traversé la terrible forêt, lutté énergiquement dans l'ombre. Le courage de mes compagnons s'éteint. Je demande une route. Mais le fleuve puissant, voie lumineuse qui traverse l'inconnu, n'est-il pas la voie que je cherche ? Autour de nous, il y a la matière de milliers de flottes de canots. Pourquoi ne pas en construire ?...

» Je me levai d'un bond et je fis battre le tambour. Tout le monde répondit à l'appel ; Frank et les chefs parurent les premiers. Les Arabes et leur escorte vinrent ensuite. Je finis par être entouré d'une masse compacte de visages attentifs.

» Me tournant vers la foule :

» Arabes, fils de l'Ounyamouési, enfants de Zanzibar, leur dis-je, écoutez mes paroles ! Nous avons traversé la Mitammba de l'Ouregga. Nous avons goûté l'amertume et nos esprits sont abattus. Vous demandez une route où le voyage soit facile ; je cherche un sentier qui conduise à la mer. J'ai trouvé l'un et l'autre.

---

(1) Malgré le désir de Stanley, le nom de « Livingstone » qu'il donna au grand fleuve africain en souvenir du célèbre explorateur écossais, n'a pas prévalu sur le nom plus ancien de « Congo. »

— Ah! ah!... Murmures de satisfaction et regards interrogateurs.

— Oui, je l'ai trouvé! Regardez ce grand fleuve. Depuis le commencement du monde, il coule ainsi que vous le voyez aujourd'hui dans le silence et dans l'ombre. Où va-t-il? A la grande eau où vont tous les fleuves! A la mer salée que sillonnent les grands vaisseaux, et dont vos amis et les miens habitent les bords. Est-ce vrai?

— Oui, oui!

— Et cependant, mes amis, ce fleuve si grand, si large, si profond, n'a jamais été descendu par personne, du point où vous êtes jusqu'à la côte où vivent les blancs. Pourquoi? Parce que c'était à nous qu'il était réservé de le faire.

— Non, non, non,... et hochements découragés de têtes basses.

— Si! repris-je en élevant la voix; telle est notre destinée. Cette tâche est la nôtre. Le Dieu unique l'a écrit : ce fleuve sera connu cette année dans toute sa longueur! Plus de forêts, plus de souffrances. plus de marches pénibles, plus de ténèbres ; aujourd'hui je lancerai mon bateau, et je ne quitterai la rivière que lorsque mon œuvre sera complète, je le jure.

» Et maintenant, Voua-ngouana, vous tous qui m'avez accompagné dans le Tourou, qui avez fait avec moi le tour des grands lacs ; vous qui m'avez suivi à travers l'Ounyoro et jusqu'à l'Oudjidji, comme des enfants suivent leur père, m'abandonnerez-vous ici? Me laisserez-vous partir seul avec mon frère Frank? Irez-vous dire à mes amis de Zanzibar que vous m'avez quitté sur cette terre sauvage, me laissant aller à une mort certaine? Ou bien, vous tous, pour qui j'ai été si bon, que j'ai aimés comme un père aime ses enfants, me garotterez-vous pour m'emmener de force? Arabes, dites-moi, où sont mes hommes, mes braves au cœur de lion! Voua-ngouana, montrez-moi ceux qui osent me suivre.

» D'un bond, le patron du bateau, Oulédi, fut à mes pieds, et m'embrassant les genoux :

» Maître, s'écria-t-il, regardez-moi, je suis un de ceux-là, je vous suivrai jusqu'à la mort.

— Moi aussi, cria Katchetché, en même temps que tous les hommes de l'équipage.

— Je savais bien que j'avais des amis, répondis-je. Qu'ils se mettent tous d'un côté, afin que j'en puisse faire le compte. »

» Ils furent trente-huit : quatre-vingt-quinze demeurèrent immobiles. « J'en ai assez, repris-je. Avec vous, mes amis, je

*Forêt de Palmiers, paysage tropical.*

gagnerai la mer. » L'assemblée se dispersa et chacun reprit son travail.

» Tippo-Tib, le cheikh Abdallah et Mouini Ibrahim vinrent s'asseoir auprès de moi, voulant me persuader d'être moins téméraire et me faire renoncer à ce projet de descendre le fleuve. Ils voulaient se retirer... »

Mais après de longs pourparlers, Tippo et les Arabes restèrent et l'embarquement eut lieu.

**Embarquement sur le fleuve.** — « Comme je finissais de déjeûner, le *Lady-Alice* était à flot et son apparition sur son élément naturel fut saluée par des acclamations bruyantes.

» L'équipage avec Oulédi pour patron, était à son poste ; Tippo-Tib, le cheikh Abdallah, notre guide Bouana Abed, Mouini Djoumah, deux interprètes et moi, nous y entrâmes comme passagers. Nous remontâmes la rivière pendant une demi-heure, ce qui nous fit gagner une île située au milieu du courant. A l'aide de ma lunette, j'examinai l'autre rive qui, de notre camp, paraissait couverte d'une épaisse forêt. Je vis alors une trentaine de canots, amarrés à la berge, et distinguai plusieurs maisons parmi les arbres. Des créatures humaines se pressaient en foule au bord de l'eau et observaient tous nos mouvements.

» Nous rentrâmes dans la barque et après avoir gouverné droit à la rive gauche, nous descendîmes, en nous laissant aller au courant.

Ce fut le commencement de la navigation sur le grand fleuve. Mais déjà le lendemain vers l'embouchure du Rouiki eut lieu une attaque violente des indigènes, qui inaugura la série des 32 combats que Stanley eut à soutenir dans ce voyage, surtout sur le haut fleuve, peuplé de tribus franchement cannibales. Ce ne fut que plus tard que Stanley put acheter 20 canots pour transporter tout son monde. Il eut longtemps à supporter mille dangers de la part des populations, ou du fait des maladies, du découragement de ses hommes, de l'abandon de Tippo-Tib, arrivé au terme de ses engagements...

De son récit, d'un extrême intérêt, nous citerons

quelques détails relatifs aux incidents de la traversée des Stanley-Falls, qui se trouvent dans les parages de l'Equateur, en aval du confluent de la rivière Léopold, là où eut lieu un grand combat.

**Combat au confluent de la rivière Léopold.** — « Le 4 janvier 1877, vers deux heures, nous avancions doucement, prêtant l'oreille pour entendre le bruit terrible des chutes qu'on nous avait annoncées, et longeant la rive droite dont nous n'étions éloignés que d'une trentaine de yards. (Le yard, mesure anglaise, vaut près d'un mètre). Tout à coup, huit hommes, couverts de grands boucliers, sortirent d'un massif d'arbustes et poussant leur cri de guerre, nous jetèrent des lances de bois. Quelques-unes frappèrent le bateau et y firent des marques profondes ; d'autres volèrent par dessus et tombèrent dans le fleuve. Nous nous éloignâmes aussitôt de la rive et gagnâmes le milieu du courant ; cette manœuvre nous exposa aux regards de la vigilante tribu des Mouna-Ntaba qui, aussitôt, battit ses tambours de guerre, et prépara ses nombreux canots pour une attaque.

» Jusqu'à ce jour, nous n'avions pas vu d'embarcation dont la longueur excédât cinquante pieds ; mais celles qui maintenant se détachaient de la rive ou sortaient de ses courbes étaient mons-trueuses. Les gens qui montaient ces énormes canots étaient en grande peinture de guerre : la moitié du corps peinte en blanc, l'autre en rouge, le tout barré de noir et formant un ensemble d'un aspect diabolique.

» Il y avait dans ces canots d'une extrême longueur quelque chose de crocodilien qui était loin d'être rassurant, et les guerriers qui, placés alternativement avec les rameurs, se tenaient debout, paraissaient animés des passions les plus sauvages. Les sons éclatants des trompes que se renvoyaient les deux rives, les battements sonores des tambours, les hurlements poussés en chœur, prêtaient une pompe féroce au combat dans lequel nous allions être engagés.

» Nons nous mîmes en ligne et, après avoir fait dresser nos boucliers, en guise de boulevards, par les non-combattants, nous attendîmes le premier choc avec calme, du moins en apparence.

» Un des grands canots, lequel, — nous le mesurâmes plus tard, — avait exactement quatre-vingt-cinq pieds trois pouces de longueur, eut l'imprudence de choisir pour victime notre propre bateau. Nous le laissâmes approcher à une distance de quinze yards ; puis, après une décharge générale, nous lançâmes le *Lady-Alice* sur l'énorme canot. Incapables de virer de bord assez promptement pour éviter l'attaque, ceux qui le montaient, rameurs et guerriers, sautèrent dans le fleuve et rejoignirent leurs amis à la nage, tandis que nous nous emparions du « Great-Eastern » du Livingstone. J'y plaçai trente de nos gens, et notre flottille, bien en ligne et conduite par le *Lady-Alice*, reprit sa route.

» Après ce premier échec, les Mouana Ntaba se lancèrent à notre poursuite, alarmant les deux rives du son de leurs trompes et de leurs tambours, et bientôt nous vîmes une quarantaine de canots descendre la rivière d'une nage furieuse, avec des intentions certainement malfaisantes...

» A quatre heures de l'après-midi, nous nous trouvâmes en face d'une rivière d'environ deux cents yards de large, que je nommai rivière de *Léopold*, en l'honneur de Sa Majesté Léopold II, roi des Belges.

**Les Stanley-Falls** (*Chutes dites de Stanley*). — « Le 6 janvier (1877), dès le matin, je commençai l'exploration de la première des cataractes de Stanley. Je trouvai un bois d'environ deux cents yards de longueur, séparé de la masse du fleuve par un dyke latéral de roches vulcaniennes ; ce bras me conduisit sain et sauf à une couple de milles en aval. Puis, apparurent d'autres dykes : les uns n'étaient que de simples crêtes basses dont la roche était nue ; les autres beaucoup plus larges, et couverts de grands arbres, étaient habités par les Bassoua. Au milieu de ces îlots, le courant de gauche se précipitait en cascades écumantes, par-dessus des terrasses de faible hauteur, avec une chute d'un à dix pieds. Les Bassoua, sans aucun doute, se sont récemment réfugiés sur ces îlots pour échapper à quelque puissante tribu de l'intérieur, demeurant à l'ouest du fleuve.

» Le 7 janvier, vers le milieu du jour, ayant approché de la cataracte du courant de gauche, autant que le permettait la prudence, nous fûmes prêts à traîner nos canots le long du fleuve. Une route de quinze pieds de large avait été ouverte dans les lacis de rotangs, de palmiers, de lianes, de sarments et de buissons, route assez droite, sauf où l'on avait rencontré les géants de la forêt. Le bois abattu, placé en travers de la voie, y formait une couche épaisse. Enfin un camp avait été dressé à mi-chemin de la cataracte, entre la route et le fleuve ; toute la cargaison y fut transportée et, à huit heures du soir, nos canots avaient été traînés sur un espace d'un mille.

» Le lendemain, nos gens, étant reposés, reprirent le traînage ; bref, à trois heures de l'après-midi, les canots avaient dépassé les chutes et les rapides de la première cataracte et flottaient sur l'eau calme d'un bras du fleuve, entre la rive gauche et l'île des Bassoua...

» Mais bientôt nous arriva le bruit d'une autre cataracte, et il fallut serrer de près la rive gauche. Nous trouvâmes alors d'autres canaux, dont les eaux paresseuses serpentaient entre des îlots couverts de jungles et, après avoir suivi leurs détours pendant deux milles, nous nous retrouvâmes en vue du fleuve, à un endroit où le rugissement de la cataracte annonçait une proximité effrayante.

» Comment la nuit approchait et que la situation était des plus critiques, nous nous arrêtâmes dans une île située au milieu du courant. Sur la rive gauche, retentissaient les trompes et les tambours de guerre auxquels ceux de l'île répondaient : toutefois, des deux maux il fallait choisir le moindre ; et, dans notre ignorance des alentours, mieux valait une rencontre avec les insulaires qu'avec les gens de la rive. »

Le lendemain une violente attaque des Bakoumous et quelques jours après celle des Assamas furent repoussées victorieusement.

**La septième et dernière cataracte**. — « Entre ses deux rives, le Livingstone a ici une largeur d'environ treize cents yards, dont quarante sont occupés par le canal de droite, sept cent soixante par l'île des Vouènyia, et cinq cents par la branche principale. Il est facile d'imaginer l'effet de ce rétrécissement du fleuve entre les falaises rocheuses de l'île et l'escarpement de la rive opposée. A un mille en amont des chutes, il y a une largeur de treize cents yards ; à mesure qu'il se contracte, son courant s'accélère, court pendant quelques centaines de yards avec une vitesse irrésistible et tombe, d'une hauteur de dix pieds, dans un gouffre, où ses eaux bouillonnantes forment des vagues brunes de six pieds de hauteur, qui bondissent et se ruent les unes contre les autres avec une incroyable furie.

» Avant de m'être rendu compte du volume des eaux que j'avais sous les yeux, je pouvais à peine croire que c'était un grand fleuve qui passait devant moi par cet étroit canal. J'ai vu beaucoup de cataractes dans mes voyages à travers les différentes parties du monde ; mais ici, je voyais un fleuve prodigieux s'élancer tout entier par une brèche de cinq cents yards seulement. A la dernière des chutes de Stanley, le fleuve ne tombe pas, il se précipite. Comparées à ce saut furieux, les chutes Ripon, à l'issue du lac Victoria, sont languissantes, bien que pittoresques ; la scène est même suffisamment émouvante ; mais le Livingstone, avec son volume d'eau dix fois plus considérable que celui du Nil Victoria, et n'ayant pas un lit plus large, avec sa profondeur et son tumultueux élan, donne l'idée d'une puissance irrésistible.

» Le 28, dès le matin, nous nous remîmes énergiquement à l'œuvre et à dix heures, nous avions passé la dernière des chutes de Stanley. Heureuse clôture d'un labeur effroyable qui nous occupait nuit et jour depuis le 6 janvier ; trois semaines d'efforts excessifs et continus pendant lesquelles nous avions eu à lutter sans cesse contre les cannibales, qui ont fait leurs forteresses des îles placées entre les cataractes.

» Et maintenant, jetant un regard troublé sur l'avenir, nous cherchons à deviner les difficultés qui nous restent à vaincre. L'espoir n'est que le rêve de l'homme éveillé : mais regardant en arrière, l'effroyable cortège des maux passés se représente à nos yeux ; et si nous pensions devoir en affronter de semblables, nous refuserions de faire un pas de plus sur la route. »

**Sur le fleuve calme. Rêveries de Frank**. — « Nous descendîmes le courant en toute hâte pour échapper au bruit des cataractes, qui, depuis tant de jours et tant de nuits, nous assourdissaient de leur rugissement.

» Le Livingstone s'infléchissait maintenant à l'ouest-nord-ouest et coulait entre des rangées de collines où des bois impénétrables à la clarté du jour étendaient leur ombre, aussi épaisse que celle du soir.

» Nous nous retrouvons sur un fleuve magnifique, dont les eaux calmes nous invitent à suivre leur cours mystérieux. Les terribles incidents des dernières semaines ne m'ont aucunement abattu. Sorti vivant de la lutte, pouvant encore admirer la nature, je me trouve suffisamment récompensé, et une étrange élasticité se fait sentir dans tout mon être.

» Mes bateliers m'amusent en chantant leurs barcarolles les plus entraînantes, dont tous les membres de l'Expédition répètent le refrain avec enthousiasme. Hommes, femmes et enfants sont entretenus dans cette insouciante ardeur, ce joyeux entrain, qui m'ont aidé à franchir la région cannibale des chutes de Stanley ; sans cela, ils perdraient l'audace et la vigueur d'où dépend notre succès. Avec leur caractère, si le temps de réfléchir leur était laissé, ils s'abandonneraient à l'inquiétude et à la tristesse, se rappelleraient ceux que nous avons perdus et penseraient qu'un sort semblable leur est réservé.

» Frank, lui-même, me semblait être ébranlé par la brusque cessation de la lutte, profondément ému par la contemplation de ce grand fleuve, maintenant paisible et dont la tranquillité nous était devenue étrangère. Quand mes rameurs se furent enroués à force de chanter, il fit entendre des strophes plaintives dont voici les paroles :

» O patrie, belle patrie, refuge de tous les malheureux, où n'entrent jamais ni le chagrin, ni le péché, séjour de la paix et du repos !

» O patrie ! Combien il me tarde de rejoindre ceux qui t'ont revue avant moi ! Plus de douleurs, plus de fatigue sur ton doux rivage !

» O patrie, radieuse patrie ! Mes yeux s'emplissent de larmes quand je me rappelle les joyeux compagnons que je n'ai pas vus depuis des années !

» Quand brillera le jour heureux entre tous, où je pourrai mettre le pied sur ta rive ? Nuit et jour, j'aspire à toi, je prie pour toi, chère et bienheureuse patrie ! »

» En achevant, sa voix tremblait et, de peur d'être gagné moi-même par l'émotion, ce qui n'était nullement désirable, je m'écriai gaîment :

— Frank, mon cher ami, vous allez faire pleurer tout le monde avec des chants semblables ; c'est trop larmoyant pour notre situation présente. Nos gens sont si faibles, si impressionnables, que la tristesse ne peut que les empêcher d'accomplir la tâche qui est devant nous. Choisissez quelque chant héroïque, dont l'air nous mette du feu dans les veines et fasse marcher nos canots comme s'ils étaient entraînés par la vapeur.

— Très bien, monsieur, me répondit-il avec un regard enthousiaste, et il chanta ce qui suit :

» Notre bannière flotte et brille, nous montrant le ciel. Voyageurs égarés, en avant ! la patrie est en haut.

» En parcourant le désert, prions gaiement, et joyeux, les cœurs unis, prenons le chemin du ciel. »

— Ah ! Frank, ce n'est pas le chemin du ciel que vous voulez dire. Vous demandez, je pense, pour le moment celui de votre pays ; et c'est sur celui-là que je vous prie de me permettre de vous conduire.

— Voici un autre chant, monsieur, comment le trouvez-vous ? dit-il.

» Mon Dieu, mon Père, tandis que, par les rudes sentiers de la vie, j'erre au loin, enseigne-moi à dire du fond du cœur : Que ta volonté soit faite !

» Bien que ma voie soit sombre et ma destinée amère, fais-moi la grâce de vivre tranquille, sans murmurer, ou de soupirer seulement la prière que nous a enseignée ton fils : Que ta volonté soit faite !

» Si, dans mon isolement, j'ai à déplorer la perte d'amis bien chers, d'un ton soumis : je m'écrierai : Que ta volonté soit faite !

— Frank, vous pensez trop à ceux que nous avons perdus. Frank, mon pauvre ami, c'est inutile ; nous avons pris le mors aux dents et nous devons courir, courir droit à la mer. Il sera temps plus tard de penser à nos morts et de les pleurer ; maintenant, nous sommes au cœur de l'Afrique, avec des sauvages devant nous, derrière nous, de tous côtés. En avant donc ; en avant jusqu'à la mort, si nous devons mourir. Actuellement, je ne veux pas entendre de regrets. Chantez votre meilleure chanson.

» Il me répondit par le couplet suivant :

» En avant, soldats chrétiens ! Marchez comme à la bataille, en suivant la croix de Jésus. »

» C'en était trop pour moi. Voyant qu'il se trouvait décidément dans une veine religieuse, je m'abstins de le tourmenter davantage. Les bateliers reprirent leur chant barbare et entraînant, que répétèrent les échos des deux rives.... »

Le voyage se continua pendant plusieurs jours d'abord paisiblement, puis au milieu de fréquentes attaques des cannibales, contre lesquels il fallait se servir des carabines.... Nous nous bornerons au détail du grand combat de l'Arouwimi.

**La grande bataille de l'Arouwimi.** — « Le premier février, le soleil se leva dans un ciel pur, versant des flots de lumière dans les ombres de l'île, et perçant de ses rayons les profondeurs du bois, retraites enviables mais qui n'étaient pas faites pour nous.

» A deux heures, précédés par les cris de l'essaim des petits canots, cris féroces qui, pour un motif ou pour un autre, semblaient plus triomphants que d'habitude, nous émergeons de l'ombre des rives boisées et nous nous trouvons en présence d'un vaste affluent, dont l'embouchure a une largeur de près de deux milles.

C'est l'Arouwimi.

» Dès que nous sommes entrés dans cette rivière, nous voyons un grand nombre de canots autour des îles qui émaillent le milieu du courant. Sitôt qu'ils nous aperçoivent, les équipages se lèvent, poussant de grands cris, et sonnent de leurs trompes avec plus de force que jamais. Nous nous dirigeons en toute hâte vers la rive droite. où nous rencontrons le bras droit de l'affluent. Là, regardant en amont, nous sommes frappés d'un spectacle qui fait tressaillir toutes nos fibres, et éveille en nous, non seulement l'intérêt le plus vif, mais aussi les plus grandes appréhensions : une flottille de canots, dépassant par le nombre et l'énormité tout ce que nous avons vu jusqu'ici, arrive sur nous.

» Au lieu de gagner la rive, nous nous arrêtons en aval de la rivière, et les canots se mettent en ligne devant le *Lady-Alice*. Après un moment de réflexion, ayant remarqué le nombre des indigènes, l'audace avec laquelle ils s'avancent et la propension très apparente de mes gens à abandonner la ligne serrée, j'ordonne de jeter l'ancre. Quatre de mes canots feignent de ne pas m'entendre ; ils sont poursuivis et menacés de mon raïfle. Je les oblige de la sorte à rentrer dans la ligne qui se trouve ainsi formée de vingt-deux barques liées deux à deux, chaque couple ancrée à cinq brasses de l'autre.

» Le *Lady-Alice* va prendre position à cinquante yards en avant de la flottille. Puis, comme toujours, sont dressés par les non-combattants, à l'avant, à l'arrière et sur les bordages, les boucliers derrière lesquels doivent viser les fusils et les carabines.

» Il me reste assez de temps pour examiner la force navale qui arrive sur nous, et compter les canots de guerre venus du Livingstone et de son grand affluent. Il y en a cinquante-quatre. La marche est ouverte par un canot monstrueux, portant, sur chaque bord, quarante rameurs, qui pagayent debout et à l'unisson, au rythme d'un chant barbare. A l'avant sur une sorte de plateforme, se tiennent dix jeunes guerriers, coiffés des plumes caudales du perroquet gris à queue rouge. A l'arrière, huit hommes gouvernent l'embarcation avec de longues pagaies, décorées de boules d'ivoire.

» Entre les deux groupes, dix personnages qui nous paraissent être des chefs, exécutent une danse guerrière. Toutes les pagaies sont surmontées de boules d'ivoire; tous les bras portent de brillants anneaux, également en ivoire ; toutes les têtes sont couronnées de plumes. De l'avant du canot, tombe une frange épaisse, faite avec les longues fibres blanches de l'hyphéné.

» Le bruit éclatant des énormes tambours, celui de cent trompes d'ivoire, le chant strident de deux mille voix humaines ne sont pas faits pour calmer nos nerfs ou pour augmenter notre confiance dans le résultat de la lutte qui se prépare. Mais la vie est en jeu ; tout ou rien. Nous n'avons le temps ni de prier, ni de jeter un regard à cette nature sauvage, pas même de lui adresser un triste adieu. Nous avons trop de choses à faire vite et bien.

» Le grand canot s'élance ; les autres le suivent, faisant jaillir l'écume et soulevant l'eau sous leurs proues aiguës. Je me tourne vers mes hommes : « Soyez fermes comme des rocs, leur dis-je ; attendez la première lance ; et après cela visez juste. Ne tirez pas tous ensemble. Gardez votre coup jusqu'à ce que vous soyez sûrs de l'homme que vous tenez au bout du canon. Ne songez pas à la fuite ; vous n'avez de salut que dans vos fusils. »

» Frank, avec l'*Océan*, est sur le flanc droit ; il a un équipage d'élite et un solide rempart de boucliers de bois noir. Mouana-Séra, à gauche, commande la *Ville de Londres*, qu'il a échangée contre le *Glasgow* ; les hommes qui l'accompagnent sont assez solides.

» Le canot monstre fond sur le *Lady-Alice*, comme s'il voulait le couler. Arrivé à cinquante yards, il se détourne : quand il est par notre travers, les dix guerriers de l'avant nous envoient une bordée de lances, tandis que, de chaque côté, se couchent les pagayeurs. Mais tous les bruits sont éteints par la fusillade. Que se passe-t-il? Nous sommes trop absorbés par notre tir pour le savoir.... Au bout de cinq minutes, nous voyons l'ennemi se reformer à cent brasses en amont.

» Notre sang bouillonne. Pour la première fois, je me sens haïr les goules hideuses qui nous attaquent. Nous levons nos ancres et nous les poursuivons près de la rive droite jusqu'à un détour de la berge; une pointe est doublée et nous voyons leurs villages. Ils abordent ; nous gagnons la rive, nous nous battons dans les rues et ce n'est qu'après les avoir chassés dans les bois que je fais

sonner la retraite, ayant rendu à ces sauvages la politesse d'une
visite....

**Un temple d'idoles. Le cannibalisme.** — « Au moment
où nous allions nous embarquer, un de mes hommes vint me dire
que, dans le village principal, il y avait un *meskiti* d'ivoire
(meskiti : église ou temple) et que dans toutes les maisons l'ivoire
était aussi abondant que le bois de chauffage.

» L'instant d'après j'étais devant le meskiti : un simple toit
circulaire supporté par trente-trois dents d'éléphant et servant
d'abri à une idole en bois de quatre pieds de hauteur, peinte en

*Pirogue des Bangalas sur le Congo.*

rouge vif, avec des yeux noirs, une barbe et des cheveux. L'image
était grossière, mais représentant la figure humaine sans qu'on
put s'y méprendre. Mes Voua-ngouana désiraient avoir les défenses ; ils eurent la permission de les emporter. Nous recueillîmes,
en outre, une centaine de morceaux d'ivoire, sous forme de coins,
de trompes de guerre, de boules, de bracelets, de pilons à broyer
le manioc et les herbes, de maillets à battre l'écorce pour en faire
de l'étoffe. Les provisions de pagaies, remarquablement sculptées
et garnies, pour la plupart, de pointes de fer, les énormes lances
de six pieds de longueur, armes de luxe plûtôt que d'usage, les

superbes dagues, semblables à des cimeterres persans, avec leurs brillants fourreaux, montés en fer, et leurs larges ceintures de buffle rouge ou d'antilope, les lances barbelées de toutes les dimensions, depuis la légère zagaie jusqu'à la lance à deux mains, avec lame en forme de sabre, les pinces, les marteaux, les poinçons, les épingles à cheveux, les hameçons, les bracelets de fer ou de cuivre, les portes de fer, les clochettes de même métal, les haches et hachettes, erminettes, les houes, les plantoirs, etc., prouvaient que les gens des bords de cette rivière sont industrieux et plus avancés dans les arts que tous ceux que nous avions rencontrés depuis que nous descendions le Livingstone....

» D'autre part, on y rencontre des preuves nombreuses de cannibalisme : crânes humains grimaçant au bout d'une quantité de perches, à côté de crânes de soko ou de chimpanzé, os de même provenance, accumulés parmi les débris de cuisine, aux alentours du village, et jusqu'au bord de la rivière.

» A l'appui de mon opinion sur l'évidence de cette hideuse pratique, je citerai le fait d'un avant-bras trouvé près d'un foyer éteint, en même temps que plusieurs côtes à demi-carbonisées, et qui avaient pu être jetées dans le feu après avoir été rongées. Ce n'est, il est vrai, qu'un fait accidentel ; néanmoins je l'admets comme preuve irrécusable. Nous avons d'ailleurs été maintes fois salués de cet avertissement que nous devions être mangés le jour même ; il n'y avait pas d'erreur possible, car les mots *viande* et *aujourd'hui* ne présentent, chez beaucoup de ces tribus, qu'une légère différence....

» Comme il y avait du danger à rester plus longtemps dans le voisinage de tribus aussi puissantes, aussi bien équipées et aussi guerrières que celles de l'Arouwimi, nous levâmes nos ancres et nous reprîmes la descente du courant.

» Le dernier des vingt-huit combats que nous avions soutenus contre les fous furieux de cette terre sauvage, nous avait inspiré la crainte de tout ce qui ressemblait à l'homme. Nous éprouvions ce que doit ressentir le cerf qui, après avoir plusieurs fois distancé les chiens, à bout de forces et de stratagèmes, inondé de sueur, entend de nouveau les abois de la meute acharnée à sa poursuite. Nous aussi, nous avions été chassés par des bandes de limiers dont il fallait traverser les rangs ; nous avions combattu jour et nuit, employé tous les moyens de défense ; et, de chacune des courbes de ce terrible fleuve, partaient des hurlements, des menaces de mort, et s'élançaient des canots, aux sons terrifiants des tambours et des trompes de guerre.

» Nous étions épuisés! Et nous n'avions atteint que le milieu du continent! Il n'y en avait pas trente, parmi nous, qui n'eussent reçu au moins une blessure. Continuer cette effroyable vie n'était pas possible. Un jour ou l'autre nous nous coucherions, tendant la gorge aux cannibales, comme les agneaux aux bouchers... »

**Le labyrinthe des îles du Congo**. — « Ce qui suit est textuellement extrait de mon journal.

» 3 février. — Cours général du fleuve, depuis le matin jusqu'à midi, nord-ouest. A midi, je prends la latitude et je trouve 1° 29′ 1″, au nord de l'Equateur.

» Nous nous efforçons d'échapper à tout conflit avec les sauvages, ce qui exige beaucoup de jugement et une surveillance continuelle des détroits.

» Dans ce voyage extraordinaire, nous aurons éprouvé toutes les terreurs et tous les plaisirs de la navigation fluviale.

» Nous glissons maintenant dans d'étroits canaux, entre des îles à épices, aux rives sinueuses, dont les doux parfums et la verdure, éternellement printanière, nous font oublier par moments tous nos périls. Le teck, le peuplier, l'hyphéné, le borassus, le dattier sauvage, l'élaïs, le rotang aux frondes pendantes et légères, aux longues tiges serpentines, le manglier touffu aux racines nombreuses, le gommier gigantesque, le bassia, le figuier de Kotschy, le tamar indien branchu, surmontent un fourré dont les plantes sont d'une variété prodigieuse. Le long des rives, dans tous les coins possibles, sont d'épais massifs d'arundo phragmites, dont la brise agite et fait bruire les longues feuilles rubanées, d'un vert brillant ; çà et là le papyrus antiquorum, l'edemone mirabilis et l'eschinomène. Dans les eaux dormantes des petits canaux sinueux qui séparent les îles basses, eaux calmes et tièdes, bordées de fougères toujours fraîches, croissent des plantes aquatiques d'une incroyable diversité ; des nymphéas d'espèces diverses, aux fleurs blanches ou d'une teinte de lavande, enlacent leurs tiges délicates à la vallisnère aux larges feuilles ; et, parmi elles le modeste pistia statiotes montre ses rosettes d'un joli vert.

» Ces îles basses sont le repaire de fléaux sans nombre. Le jour, en les longeant, nous étions attaqués par des taons d'une malignité sans égale et par des tsétsés. La nuit, des nuées de moustiques s'abattaient sur nous, et il était à peu près impossible de dormir ; le bourdonnement de cette multitude d'insectes nous semblait être le bruit d'une armée de sauvages venant nous attaquer ; et, jusqu'au matin, le continuel flic-flac des branches de figuier, dont mes compagnons faisaient des chasse-mouches, fatiguait mes oreilles.

» Les îles basses, formées d'un sable d'alluvion et couvertes d'arundos, de papyrus et d'autres variétés de cypéracées, devenues plus nombreuses. Ces îles étaient la demeure de marabouts et de grues baléariques, celle du babiniceps-roi à la jambe courte, de flammants, d'oies à aile éperonnée, de canards sauvages, d'anhingas, de martins-pêcheurs, d'aigrettes, d'ibis noirs et rouges, de bécassines, — gibier d'eau qu'on aurait pu se procurer sans peine, si le premier coup de feu n'eût entraîné le combat avec des gens armés de mousquets ; et nous ne pouvions espérer sortir de cette région qu'en évitant tout contact avec l'homme.

» Sur l'une de ces îles, nous vîmes un éléphant, porteur de magnifiques défenses ; mais il était aussi en sûreté que si nous n'avions pas eu d'armes. Plus loin, sur une grande île couverte, nous aperçûmes un troupeau de buffles rouges, plus petits et, dans leur ensemble, très différents du buffle noir, commun dans la moitié orientale du continent. Nous avions besoin de viande ; mais bien qu'habitués, dans les pays où les étrangers ne sont pas traqués comme des bêtes fauves, à consacrer à la chasse une grande partie de notre temps, nous n'osions pas tirer. La vie de beaucoup d'hommes — la nôtre et celle des indigènes — dépendait de notre abstention.

» La plus haute et la plus boisée de ces îles regorgeait de babouins (*cynocephalus porcarius*), de lémurs, bruyants veilleurs de nuit, et de singes minuscules à longue queue. Une fois, un froissement de feuillage me fit vivement lever la tête, et j'entrevis un grand singe d'une espèce barbue, qui se tenait debout sur une branche ; mais le courant était inexorable ; il n'y avait pas à espérer de revoir ce grand singe.

» Les canaux fourmillaient d'amphibies : hippopotames, crocodiles et monitors. Souvent, à l'extrémité inférieure des îles, nous voyions deux ou trois crocodiles monstrueux et gorgés se chauffer au soleil, sur le sable d'une plage étincelante, tandis que de plus jeunes, se tenant à distance respectueuse, imitaient la somnolence de leurs pères, jusqu'à ce que le bruit de nos rames les fissent tous, grands et petits, regagner d'une allure dandinante, leurs profondes demeures.

On juge par ces extraits de l'intérêt que le hardi explorateur apportait aux observations scientifiques, nonobstant les embarras de tous genres.

Après de longs jours de navigation précipitée entre

Soko ou Chimpanzé.

les îles du fleuve, toujours traqués par des tribus hostiles, le manque de vivres obligea à débarquer dans un village de la rive droite, près du mont Oupoto. Là, un chef révéla à Stanley que le fleuve s'appelait l'Tkoutou ou le *Congo*.

Le 14 février, on arrive chez les Mangalla ou Bangala, contre lesquels il fallut livrer de nouveaux et terribles combats. Au confluent du Koango (Kassaï) eut lieu la 32e et dernière bataille livrée depuis le départ de Nyangwé.

Mais arrivons au Stanley-Pool.


**Le Stanley-Pool.** — « Le 12, vers onze heures du matin, le fleuve, graduellement arrivé à deux mille cinq cents yards d'une rive à l'autre, nous mit en présence d'une puissante expansion que mes hommes qualifièrent tout à coup, avec justesse, du nom d'*étang*. En face de nous, des îles sableuses s'élevaient comme une côte maritime ; à notre droite se trouvait une longue suite de hauteurs, blanches et brillantes, ressemblant tellement aux falaises de Douvres que Frank dit aussitôt : « C'est un coin de l'Angleterre. » Les plateaux herbeux qui couronnaient ces falaises, plateaux aussi verts que des pelouses, rappelèrent si vivement à mon compagnon les dunes du comté de Kent qu'il s'écria avec enthousiasme : « Je sens que nous approchons du pays. »

» Pendant que je faisais le relèvement nécessaire pour établir notre position, Frank, armé de ma lunette, escalada la partie la plus haute de la grande dune sableuse déposée par la rivière et examina l'étrange expansion que nous avions sous les yeux.

» Monsieur, me dit-il à son retour, je vous déclare que ce bassin est juste comme un étang ; aussi large que long. Il est entouré de montagnes et me paraît presque circulaire.

» — Eh bien ! si c'est un étang, il faut lui donner un nom spécial Indiquez-m'en un qui lui convienne, Frank.

» — Pourquoi ne pas l'appeler *Stanley-Pool* (étang de Stanley) et ne pas nommer ces hauteurs *Dover-Cliffs* (rochers de Douvres). Il n'est pas de voyageur qui, venant ici, ne reconnaisse ces falaises à cette désignation. »

» Plus tard, je me suis rappelé ces paroles de Frank, et j'ai nommé *Etang de Stanley* cette expansion lacustre du fleuve, expansion qui va des falaises de Douvres à la première cataracte des chutes du Livingstone et occupe un espace de trente mille carrés. L'entrée de l'étang, du côté d'amont, est situé par 4° 3' de latitude méridionale. La rive gauche est occupée par les établissements populeux de Nchassa, de Nkounda et de Ntamo ;

la rive droite, par les sauvages Batékés, généralement accusés de cannibalisme.

» Nous commençâmes la traversée de l'étang, en suivant la rive droite, et nous vîmes bientôt une montagne crayeuse près de laquelle s'élevaient deux ou trois colonnes de même formation. D'une anse située immédiatement après cette montagne, sortirent trois canots batékés. Une fois revenus de la surprise que leur causa notre vue, les équipages consentirent à nous montrer la cataracte dont ils essayèrent de nous décrire le bruit.

Le lendemain, Itsi, roi de N'tamo (village qui devint plus tard Brazzaville), vint lui-même rendre visite à Stanley, noua amitié et fit avec Frank l'échange du sang. On voit que les peuplades de l'ouest sont moins sauvages que celles du centre, à cause de leurs fréquents rapports avec les traitants européens du bas Congo.

Le 15 mars, l'Expédition entreprend la descente des *chutes,* au milieu des plus grands dangers et au prix de souffrances inouïes.

**Les chutes du Livingstone.** — « Dès à présent, l'immense pays sauvage que nous avons traversé, au moyen du plus grand fleuve de l'Afrique, va être présenté au lecteur sous des couleurs moins sombres que dans les pages précédentes, où il n'était question que des attaques furieuses d'hommes féroces et de combats désespérés. Maintenant, les indigènes ne s'opposent pas à notre marche. Le commerce leur a fait perdre leur férocité native ; ils ne ressentent plus, à notre approche, la fureur des bêtes de proie.

» Désormais, nous n'aurons à nous plaindre que de la colère du fleuve. Ce n'est plus le cours d'eau majestueux dont la beauté mystique, la noble grandeur, le flot calme et ininterrompu sur une distance de neuf cents milles (près de 1450 kilomètres), avaient pour moi un charme irrésistible, en dépit de la férocité des tribus de ses bords. C'est un torrent furieux, roulant dans un lit profond obstrué par des récifs de lave, des projections de falaises, des bancs de roches erratiques, traversant des gorges tortueuses, franchissant des terrasses et tombant en une longue série de chutes, de cataractes et de rapides. Après nos conflits si fréquents avec les sauvages, recommence la lutte avec le grand fleuve, dans la profonde et large déchirure qui, des hauts plateaux, descend à l'Atlantique.

» Ces courants muets et solitaires, qui serpentent au milieu des îles sans nombre du Livingstone, cette immense nappe d'eau, calme et silencieuse qui a entendu nos plaintes, ce désert liquide, témoin de nos souffrances, ces solitudes boisées où nous cherchions le repos et auxquelles nous avions confié nos vœux et notre espoir, tout cela fait place à la gorge bordée de hautes falaises, à travers laquelle le Livingstone roule, avec une inconcevable furie, ses vagues écumantes jusqu'au large lit du Congo, qui à la distance de cent cinquante-cinq milles géographiques seulement (287 kilomètres) est à près de onze cents pieds plus bas que le sommet de la première chute.

**Le gouffre du Chaudron. Canots perdus. Neuf hommes noyés.** — « Le travail fut repris le 25, au point du jour, dans une mauvaise portion du fleuve, désignée sous le nom significatif de *Chaudron*. Tout d'abord, notre meilleur canot — soixante-quinze pieds de longueur, sur trois de large et vingt et un pouces de profondeur — le *London-Town*, commandé par Manoua Séra, fut arraché des mains de cinquante hommes et mis en pièces. Dans l'après-midi, le *Glasgow*, rompant ses amarres, fut entraîné jusqu'au milieu du fleuve, renvoyé à un demi-mille en amont, repris par l'abîme et, finalement, rejeté dans une baie où campait Frank et où nous le retrouvâmes, à notre grande joie.

» Le lendemain nous descendîmes le courant jusqu'à l'extrémité occidentale de cette baie, au-dessus de l'île rocheuse. Je laissai, comme à l'ordinaire, le camp à la garde de Frank, et prenant quatre-vingt-dix hommes — les autres, pour la plupart, souffraient des blessures reçues au combat de Mouana Ibaka et d'ailleurs — je fis établir un tramway, sur lequel on mit des rouleaux, afin de tourner les chutes.

» Tandis que je donnais mes dernières instructions, je vis Kaloulou dans le *Crocodile*, Kaloulou, l'enfant que j'avais fait élever. Je lui demandai ce qu'il faisait là.

» Mais, je vais ramer, Monsieur, me répondit-il avec un sourire et d'un ton suppliant.

— Ah ! très bien, » répondis-je.

» Mes rameurs prirent leurs bancs et nous partîmes, serrant de près la falaise.

*Les rapides du Congo dans les chutes Livingstone —
Porteurs indigènes.*

» J'étais à l'avant du bateau, dirigeant de la main Oulédi, qui tenait le gouvernail. Le fleuve n'avait plus que quatre cent cinquante yards de large, mais un sondage lui trouva, près du bord, cent trente-huit pieds de profondeur. Le courant était rapide, la surface unie et grasse, comme huileuse ; çà et là un tourbillon, un gonflement, puis un entonnoir ; en somme, aucun danger pour les gens de sang-froid.

» Nous eûmes bientôt fait un mille et, tout à coup, à une distance de six cents yards, nous aperçûmes les chutes furieuses désignées depuis sous le nom de Kaloulou. Avec un peu d'efforts, nous réussîmes à doubler le cap, à entrer dans la baie, située en amont des chutes, et à gagner l'emplacement qu'on m'avait indiqué. Le premier, le second, le troisième canot arrivèrent peu de temps après moi. Je commençais à me féliciter du travail du jour, quand, à ma profonde horreur, je vis le *Crocodile*, au milieu du courant, bien loin de la pointe que nous avions doublée, filant comme un trait dans la direction des chutes. Rien à faire : j'étais à l'agonie. Trois de mes préférés étaient dans ce canot; Kaloulou, Maurédi et Téradji ; et parmi les autres, Rehami, Makoua et Vouadi Djoumah, deux de nos hommes les meilleurs.

» Le canot atteignit l'île qui divise les chutes et fut précipité dans le bras gauche. Nous le vîmes tourbillonner trois ou quatre fois, puis plonger dans le gouffre et se redresser, la poupe en l'air.

» Nous sûmes alors que Kaloulou et ses compagnons n'étaient plus....

» Bientôt après, un troisième canot, petit et léger, celui-là, monté par le brave Saoudi, celui qui, en 1875, avait échappé aux lances des Vouanyatourou, fila devant nous comme un flèche ; Saoudi, en passant, me cria d'une voix ferme : « La il Allah ! La il Allah ! Je suis perdu, maître ! »

» Quelques secondes après, nous le vîmes sombrer; il émergea, fut précipité de terrasse en terrasse, pris par le tourbillon, saisi par les vagues, jeté de l'une à l'autre et disparut derrière l'extrémité de l'île, au moment où la nuit tombait sur cette journée d'horreur.

» Neuf hommes perdus dans une après-midi !...

Vingt fois des scènes semblables se déroulent dans le récit de Stanley, avec le détail d'accidents de toutes sortes, de souffrances causées par les fatigues, les maladies, la dysenterie, les ulcères, les angoisses de la faim, les pluies diluviennes, enfin la nécessité de reconstruire des canots pour remplacer ceux que l'on perdait dans cette lutte de géants.

**Mort de Frank Pocock.** — [Le fatal 3 juin, suffisamment reposée par une halte de sept jours, la troupe se préparait à quitter Mohoua pour aller camper à Zinnga, en amont de la grande cataracte. Les canots devaient être descendus lentement et avec toutes les précautions qu'exigeaient les circonstances. La journée fut fertile en accidents, mais le plus triste fut la mort de *Frank Pocock*, le fidèle compagnon de Stanley, le seul blanc qui l'accompagnait. Frank, malade et couvert d'ulcères, mais toujours entreprenant, trop hardi cette fois, voulut, malgré les ordres de son chef, diriger un canot pour descendre la grande chute. Ce fut sa perte. Stanley ne fut pas témoin du terrible accident ; il lui fut raconté par les compagnons du malheureux jeune homme Anglais, qu'ils appelaient affectueusement *« le petit maître. »*]

« … Le canot de Frank fut saisi par le courant impétueux, et lui-même, réveillé de son illusion par le tonnerre croissant des eaux, s'était levé. Le péril, maintenant, lui apparaissait, mais il était trop tard ! Ils avaient gagné la chute et plongèrent au milieu des vagues écumantes. Les eaux furieuses bondirent, sautèrent dans leur barque, les firent tourner comme sur un pivot ; et sautant, et pirouettant, ils se virent entraînés vers le gouffre béant au-dessous d'eux. Le moment d'angoisse, de regret et de terreur était venu.

» Accrochez-vous au canot, prenez le câble, tenez ferme ! » leur criait Frank en déchirant sa chemise pour nager plus librement. Avant qu'il l'eut arrachée, le canot était saisi par l'abîme qui se refermait sur lui. Quand le vide fut comble, une masse d'eau, vomie par le gouffre, rejeta au grand jour le bateau auquel se cramponnaient des hommes suffoqués.

» Après avoir dérivé quelques instants et repris leurs sens, ils se comptèrent, ne se trouvèrent plus que huit et, dans le nombre, il n'y avait pas de figure blanche !

» Tout à coup, près d'eux, avait surgi une nouvelle masse d'eau soutenant une forme humaine — celle du « petit maître » — et il en était sorti un long gémissement. Oubliant le tourbillon qui venait de le saisir, la mort à laquelle il venait d'échapper, Oulédi s'était élancé, les bras tendus vers ce corps flottant ; mais avant qu'il eût pu l'atteindre, il avait été ressaisi par le gouffre.

» Une seconde après, l'abîme le rejeta. Epuisé, défaillant, Oulédi regagna la rive. Mais Frank ne reparut pas...

» Mon brave, mon honnête, mon fidèle Frank ! Devais-je le perdre ainsi ! Mon pauvre ami, après tant d'épreuves ! Ah ! Oulédi, si tu l'avais sauvé, j'aurais fait de toi un homme riche. — Notre destinée est entre les mains de Dieu, répondit le patron d'une voix faible et brisée.

» La triste nouvelle se répandit rapidement dans le Zinnga, le Mbéla et le Mohona. « Le frère de Mounndilé s'est perdu à Massassa, » s'écriaient les indigènes ; et poussés par une affectueuse sympathie, ils descendirent en foule pour savoir comment le malheur était arrivé. L'excellent Ndala vint accompagné de ses femmes et, avec une véritable délicatesse de sentiment, ne permit pas aux naturels de se presser autour de moi.

Dès ce jour, le récit devient de plus en plus attristant. L'Expédition, réduite de moitié par les maladies, la faim, les fatigues, se voit fréquemment aux prises avec la mort. Cependant les cataractes étaient franchies. On approchait de Boma, et l'on avait rencontré des indigènes connaissant les blancs de la côte. Le 31 juillet, Stanley abandonne le cours du fleuve et son cher canot pour voyager par terre.

**La délivrance.** — Le 4 août, « après mon dîner, composé de trois bananes frites, vingt arachides grillées, une tasse d'eau boueuse, mon régime habituel déjà depuis longtemps, je préparai ma lampe faite d'une mèche de charpie trempant dans un peu de beurre de palme, et j'écrivis la lettre suivante :

« *A n'importe quel gentleman anglais résidant à Embomma.*

» Village de Nsannda, 4 août 1877.

» Cher Monsieur. J'arrive de Zanzibar avec cent quinze personnes, hommes, femmes et enfants. Nous mourons de faim. Les indigènes refusent avec mépris nos étoffes, nos perles, notre fil métallique. Ici, on ne peut acheter des provisions que les jours de marché et nous ne pouvons attendre.

» C'est pourquoi je prends la liberté de vous envoyer cette lettre pour implorer votre assistance. Elle vous sera portée par trois de mes hommes, natifs de Zanzibar, et par un jeune garçon, nommé Robert Férouzi, élève de la Mission anglaise de Zanzibar.

» Je ne vous connais pas, mais j'apprends qu'il y a un Anglais à Bomma, et, en votre qualité de chrétien et de gentleman, vous ne repousserez pas ma requête, j'ose l'espérer. Robert vous expliquera notre situation plus complètement que je ne puis le faire dans cette lettre....

Nous sommes dans la plus grande détresse; mais si votre secours nous arrive à temps voulu, il me sera possible d'être à Embomma dans quatre jours. J'ai besoin de trois cents pièces de cotonnade pour habiller mes hommes et surtout du riz ou du grain pour les nourrir, car la mort fait des ravages. Je réponds de toute la dépense....

» Jusque-là, veuillez me croire, votre tout dévoué,

» H. M. STANLEY,
*» Commandant de l'Expédition anglo-américaine
pour l'exploration de l'Afrique.*

» P. S. Comme il est possible que vous ne connaissiez pas mon nom, j'ajoute que c'est moi qui ai trouvé Livingstone en 1871.

Le secours ne se fit pas attendre et arriva abondant deux jours après, avec une lettre signée A. Da Mottra, Veiga et J. W. Harrisson, agents de la maison anglaise Hatton et Cookson.

Quelques jours après, le 10, la caravane arrive à Boma, où elle est choyée par une dizaine de résidents blancs, Anglais, Hollandais, Portugais; puis, après un séjour de deux jours, elle s'embarque sur un steamer anglais. Le 12, on arrive à l'Océan.

**L'Océan.** — « Quelques heures plus tard, nous franchissions le large portail que nous ouvrait l'Océan, bleu domaine de la civilisation !

» Jetant un dernier regard à l'énorme fleuve sur lequel nous avions tant souffert, je le vis s'approcher, humble et soumis, du seuil de l'immensité liquide, simple goutte d'eau malgré sa puissance et sa fureur, en comparaison de cet incommensurable volume et de cette étendue sans bornes.

» Et mon cœur débordait de la plus ardente gratitude pour Celui dont la protection nous avait permis de traverser le Continent mystérieux d'une rive à l'autre, et de suivre le plus grand de ses fleuves jusqu'à sa dernière limite. »

La caravane, composée de 114 personnes, fut déposée à Kabinda, d'où après huit jours elle fut conduite à St Paul de Loanda, puis reprise à bord d'un vaisseau anglais qui la rapatria gratuitement à Zanzibar. Stanley voulut accompagner ses braves jusque là.

Enfin, après avoir accordé un salaire bien mérité à chacun de ses hommes, même aux treize femmes et aux enfants qui les avaient suivis, Stanley prit congé d'eux, car il allait s'embarquer pour Aden et l'Europe.

» Moment à la fois doux et triste que celui de notre séparation. Quelle longue et solide amitié se brisait ici ! A travers quelles vicissitudes m'avaient suivi ces braves compagnons ! quelle noble fidélité chez ces natures incultes !

» Pendant des années et des années, dans maintes demeures de Zanzibar, on redira la grande histoire de notre voyage et ceux qui l'ont fait seront regardés comme des héros par leur cercle de parents et d'amis. Pour moi aussi, ces pauvres enfants de l'Afrique, ignorants et incultes, sont des héros. Depuis notre premier combat dans le sauvage Itourou, jusqu'à leur entrée chancelante à Embomma, ils ont toujours répondu à mon appel, comme des vétérans. Jamais ils ne m'ont fait défaut à l'heure du péril ; et si l'Expédition a été couronnée de succès, si les trois grands problèmes géographiques du Continent mystérieux ont été résolus, c'est avec l'aide de leurs bras et de leurs cœurs fidèles. »

LAUS DEO ! (*) (DIEU SOIT LOUÉ).

(*) Ces mots terminent la relation de STANLEY : *« A travers le continent mystérieux. »*

# CHAPITRE III.

## ASSOCIATION INTERNATIONALE AFRICAINE.

### I. Conférence de Bruxelles, 1876.

**Invitation à la conférence de Bruxelles**. — Le roi Léopold II a toujours porté le plus vif intérêt aux questions géographiques, et l'on se rappelle qu'il fit, étant encore duc de Brabant, vers 1864, un long voyage autour du monde.

Il n'est donc pas étonnant qu'ayant ainsi appris à connaître les hommes et les choses des pays étrangers, le duc de Brabant, devenu roi des Belges, ait suivi d'un œil attentif les explorateurs qui se lançaient, en Afrique particulièrement, à la recherche de l'inconnu, ainsi que les philantropes qui, comme Livingstone et les missionnaires catholiques, se dévouaient à l'amélioration du sort des peuplades noires.

Aussi bien, vers le milieu de l'année 1876, désirant y contribuer dans la mesure des moyens que lui donnaient sa fortune, la générosité de son cœur et sa haute position sociale, Sa Majesté adressait-elle à plusieurs personnages éminents belges et étrangers une invitation à une « Conférence géographique » dont elle déterminait le but dans les termes suivants :

« Dans presque tous les pays, » disait le Roi, « on

prend un vif intérêt aux découvertes géographiques récemment faites dans l'Afrique centrale.

» Plusieurs expéditions, alimentées par des souscriptions particulières, qui prouvent le désir qu'on a d'arriver à un résultat important, se sont faites et se font encore en Afrique. Des Anglais, des Américains, des Allemands, des Italiens et des Français ont pris, à des degrés divers, part à ce généreux mouvement. Ces expéditions répondent à une idée éminemment civilisatrice et chrétienne : *abolir l'esclavage en Afrique*, percer les ténèbres qui enveloppent encore cette partie du monde, en reconnaître les ressources qui paraissent immenses, en un mot, *y verser les trésors de la civilisation*, tel est le but de cette croisade moderne. Jusqu'ici les efforts que l'on a tentés ont été faits sans accord ; aussi le sentiment se produit-il aujourd'hui, surtout en Angleterre, que ceux qui poursuivent un but commun en confèrent pour régler leur marche, pour poser quelques jalons, délimiter les régions à explorer, afin qu'aucune entreprise ne fasse double emploi.

» J'ai constaté récemment, en Angleterre, que les principaux membres de la Société de géographie de Londres sont très disposés à se rencontrer à Bruxelles avec les présidents des grandes sociétés de géographie du continent, et les personnes qui se sont, par leurs voyages, leurs études, leurs goûts philanthropiques et leur esprit de charité, le plus identifiées avec les tentatives d'introduire la civilisation en Afrique. Cette réunion donnerait lieu à une sorte de conférence, dont l'objet serait de discuter en commun la situation actuelle de l'Afrique, de constater les résultats atteints, de préciser ceux qui restent à atteindre.... »

**Réunion de la Conférence.** — L'assemblée, qui se réunit le 12 septembre 1876, au palais de Bruxelles, fut

## LÉOPOLD II

*Roi des Belges, Fondateur de l'Association internationale Africaine* (1876)
*Souverain de l'Etat indépendant du Congo* (1885).

brillante : présidée par le Roi, elle renfermait dans son sein un grand nombre d'illustrations politiques, de savants géographes, de célèbres voyageurs, parmi lesquels nous citerons :

Pour l'Allemagne, le baron de Richthofen, président de la Société de géographie de Berlin, MM. Nachtigal, Schweinfurth et Rohlfs, voyageurs célèbres ;

Pour l'Autriche Hongrie, le comte Zichy et M. de Hochstetter, président de la Société de géographie de Vienne ;

Pour l'Angleterre, sir Bartle Frère, ancien gouverneur du Cap, sir Rutherford Alcock, président de la Société de géographie de Londres, le major-général sir Henri Rawlinson, le contre-amiral sir Léopold Heatly, le commandant Verney Lowett Cameron, explorateur ;

Pour la France, l'amiral de la Roncière le Noury, MM. Ferdinand de Lesseps, promoteur du percement des isthmes de Suez et de Panama, et Maunoir, secrétaire de la Société de géographie ;

Pour l'Italie, le commandant Negri ;

Pour la Russie, M. de Semenow.

Les six grandes puissances de l'Europe s'étaient donc fait représenter.

La Belgique l'était par MM. le baron Lambermont, Banning, Em. de Borchgrave, Couvreur, le comte Goblet d'Alviella, E. de Laveleye, Sainctelette, Smolders, Van Biervliet, Van den Bosche et Van Volxem.

En ouvrant la conférence, le Roi prononça le discours suivant que nous reproduisons en entier, parce qu'il expose parfaitement le caractère de l'œuvre africaine :

« Messieurs,

Le sujet qui nous réunit aujourd'hui est de ceux qui méritent au premier chef d'occuper les amis de l'humanité. Ouvrir à la civilisation la seule partie de notre globe où elle n'ait point encore pénétré, percer les ténèbres qui enveloppent des populations entières, c'est, si j'ose le dire, une croisade digne de ce siècle de progrès; et je suis heureux de constater combien le sentiment public est favorable à son accomplissement; le courant est avec nous.

» Messieurs, parmi ceux qui ont le plus étudié l'Afrique, bon nombre ont été amenés à penser qu'il y aurait avantage pour le but commun qu'ils poursuivent à ce que l'on pût se réunir et conférer en vue de régler la marche, de combiner les efforts, de tirer parti de toutes les ressources, d'éviter les doubles emplois.

» Il m'a paru que *la Belgique, Etat central et neutre, serait un terrain bien choisi* pour une semblable réunion, et c'est ce qui m'a enhardi à vous appeler tous, ici, chez moi, dans la petite conférence que j'ai la grande satisfaction d'ouvrir aujourd'hui. Ai-je besoin de vous dire qu'en vous conviant à Bruxelles, je n'ai pas été guidé par des vues égoïstes. Non, messieurs ; si la Belgique est petite, elle est heureuse et satisfaite de son sort; je n'ai d'autre ambition que de la bien servir. Mais je n'irai pas jusqu'à affirmer que je serais insensible à l'honneur qui résulterait pour mon pays de ce qu'un progrès important dans une question qui marquera dans notre époque, fût daté de Bruxelles. *Je serais heureux que Bruxelles devînt en quelque sorte le quartier-général de ce mouvement civilisateur.*

» Je me suis donc laissé aller à croire qu'il pourrait entrer dans vos convenances de venir discuter et préciser en commun, avec l'autorité qui vous appartient, les voies à suivre, les moyens à employer pour planter définitivement l'étendard de la civilisation sur le sol de l'Afrique centrale ; de convenir ce qu'il y aurait à faire pour intéresser le public à votre noble entreprise et pour l'amener à y apporter son obole.

» Mon vœu est de servir comme vous l'indiquerez la grande cause pour laquelle vous avez déjà tant fait. Je me mets à votre disposition dans ce but, et je vous souhaite cordialement la bienvenue. »

Après trois jours d'études et de discussions, la conférence avant de se séparer, vota les résolutions suivantes :

**Déclaration au sujet des stations.** — « Pour atteindre le but de la Conférence internationale de Bruxelles, c'est-à-dire : explorer scientifiquement les parties inconnues de l'Afrique, faciliter l'ouverture des voies qui fassent pénétrer la civilisation dans l'intérieur du continent africain, rechercher des moyens pour la *suppression de la traite des nègres* en Afrique, il faut :

1° Organiser, sur un plan international commun, l'exploration des parties inconnues de l'Afrique, en limitant *les régions à explorer*, à l'orient et à l'occident, par les deux océans (Indien et Atlantique), au midi par le bassin du Zambèze, au nord par les frontières du nouveau territoire égyptien et le Soudan indépendant. Le moyen le mieux approprié à cette exploration sera l'emploi d'un nombre suffisant de voyageurs isolés, partant de diverses bases d'opération ;

2° Etablir, comme bases de ces opérations, un certain nombre de *stations scientifiques et hospitalières*, tant sur les côtes de l'Afrique que dans l'intérieur du continent, par exemple, à Bagamoyo et à Loanda, ainsi qu'à Oudjidji, Nyangoué et autres points déjà connus, qu'il faudrait relier par des stations intermédiaires. »

On décida ensuite la formation d'une *Commission internationale* et de *Comités nationaux*.

La première, faisant fonction de comité exécutif, fut formée du Roi des Belges, *président* ; de MM. le docteur Nachtigal, de Quatrefages et Sanfort (remplaçant sir Bartle Frère), *membres* ; M. le colonel belge Strauch, *secrétaire-général* ; M. Galezot, *trésorier*.

Quant aux *Comités nationaux* (belge, allemand, français et autres), qui devaient se tenir en rapport avec le Comité central, on leur laissait le choix des moyens d'organisation, selon les circonstances de chaque pays.

Telle fut l'origine, en 1876, de l'**Association internationale Africaine**, dont l'existence devait durer jusqu'à la création de l'Etat libre du Congo, en 1885.

**Le Comité belge**. — Grâce à l'impulsion donnée par le Roi, le Comité belge fut naturellement le premier organisé.

Nous reproduisons ici en partie un troisième discours que prononça le Roi dans la séance d'installation de ce Comité, le 6 novembre 1876. On y voit particulièrement l'intérêt que S. M. portait à l'abolition de la traite des noirs.

« Messieurs, *L'esclavage*, qui se maintient encore sur une notable partie du continent africain, *constitue une plaie que tous les amis de la civilisation doivent désirer voir disparaître.*

» Les horreurs de cet état de choses, les milliers de victimes que la traite des noirs fait massacrer chaque année, le nombre plus grand encore des êtres parfaitement innocents qui, brutalement réduits en captivité, sont condamnés en masse à des travaux forcés à perpétuité, ont vivement ému tous ceux qui ont quelque peu approfondi l'étude de cette déplorable situation et ils ont conçu la pensée de se réunir, de s'entendre, en un mot, de fonder une association internationale pour mettre un terme à ce trafic odieux, qui fait rougir notre époque, et pour déchirer le voile qui pèse encore sur cette Afrique centrale. Les découvertes, dues à de hardis explorateurs, permettent de dire dès aujourd'hui, qu'elle est une des contrées les plus belles et les plus riches que Dieu a créées.

» La Conférence a voulu, pour se mettre de plus près en rapport avec le public, dont la sympathie fera notre force, fonder, dans chaque Etat, des comités nationaux. Ces comités, après avoir chacun désigné deux membres pour faire partie du Comité international, populariseront, dans leurs pays respectifs, le programme adopté.

» L'œuvre a recueilli déjà en France et en Belgique des souscriptions importantes qui constituent pour nous une dette de reconnaissance vis-à-vis de leurs auteurs. Ces actes de charité, si honorables pour ceux qui les ont accomplis, stimulent notre zèle dans la mission que nous avons entreprise. Notre tâche doit être de toucher le cœur des masses et, en croissant en nombre, de grouper nos adhérents dans une union fraternelle et peu onéreuse pour chacun, mais puissante et féconde par l'accumulation des efforts individuels et de leurs résultats.

» L'Association internationale ne prétend pas résumer en elle tout le bien que l'on peut, que l'on doit faire en Afrique. Elle doit, dans les commencements surtout, s'interdire un programme trop étendu. Soutenus par la sympathie publique, nous avons la conviction que si nous parvenons à ouvrir des routes, à établir des stations, servant de points d'appui aux voyageurs, nous aiderons puissamment à l'évangélisation des noirs et à l'introduction, parmi eux, du commerce et de l'industrie.

» Nous affirmons hardiment que tous ceux qui veulent l'affranchissement de la race noire, sont intéressés à notre succès.

» Le Comité belge, émanant du Comité international et son représentant en Belgique, s'efforcera de procurer à l'œuvre le plus d'adhérents possible. Il aidera mes compatriotes à prouver une fois de plus que la Belgique est non-seulement une terre hospitalière, mais qu'elle est aussi une nation généreuse où la cause de l'humanité trouve autant de défenseurs qu'on y trouve de citoyens.

Capitaine *Crespel*, chef de la
1ʳᵉ *expédition belge.*

Capitaine *Storms*, chef de la
4ᵉ *expédition belge.*

» Je remplis un bien **agréable** devoir en remerciant cette assemblée et en la félicitant chaleureusement de s'être imposé une tâche dont l'accomplissement *vaudra à notre patrie une belle page de plus dans les annales de la charité et du progrès.* »

**Expéditions belges dans l'Afrique orientale** (1877-1884). L'attente du roi ne fut pas vaine. De toutes parts en Belgique, on dressa des listes de souscription dont la somme s'éleva bientôt à un demi-million.

Grâces à ces ressources, le Comité belge était le premier en mesure de mettre la main à l'œuvre, en organisant successivement cinq expéditions qui partirent pour la côte orientale.

La première expédition qui partit pour Zanzibar le 15 octobre 1877, fut composée du capitaine *Crespel*, du lieutenant *Cambier* et de M. *Maes*, docteur en sciences naturelles. De cruels revers l'atteignirent à ses débuts; son chef, le capitaine Crespel, succomba presque en arrivant, et le Dr Maes mourut d'une insolation. Demeuré seul avec un voyageur autrichien, M. Marno, qui lui-même dut bientôt rebrousser chemin, le capitaine Cambier aborda néanmoins sa tâche avec énergie. Plusieurs expéditions partirent successivement pour le rejoindre ou l'appuyer : la deuxième sous le commandement du capitaine Popelin (1879), la troisième sous le commandement du capitaine Ramaeckers (1880) ; elles perdirent encore sur la route les lieutenants Wautier et Deleu ; mais ces épreuves, en ralentissant la marche de M. Cambier, n'avaient pu l'interrompre. Au mois d'août 1879, il atteignait les rives du Tanganika, et remplissait sa mission en fondant la *station de Karéma*.

Quinze mois plus tard, à la suite de nouveaux efforts, cinq voyageurs belges se trouvèrent un moment réunis en ce point (décembre 1880). C'est alors que M. Cambier, après trois ans de travaux, sentant le besoin d'un repos bien mérité, reprit le chemin de l'Europe ; en quatre mois, il opéra son retour de Karéma à Bruxelles.

M. Ramaeckers le remplaça et demeura à la tête de la station avec le lieutenant Becker, le capitaine Popelin et M. Roger, après avoir reçu quelques renforts, en partirent au mois d'avril 1881, dans le but de chercher, sur la rive occidentale du lac, l'emplacement d'une nouvelle station. Ce dessein ne put se réaliser ; une maladie aiguë enleva en quelques jours M. Popelin, et son auxiliaire rentra à Karéma. Le 25 février 1882, le capitaine Ramaeckers succombait lui-même à l'attaque d'une fièvre bilieuse. M. Roger, chargé d'une autre mission, avait alors regagné la côte ; M. Becker, resté seul, alla prendre le commandement de la station de Karéma. Enfin le lieutenant Storms, venu à son secours à la tête d'une quatrième expédition, traversa le lac Tanganika pour aller fonder la station de *Mpala*, sur la rive occidentale, vis-à-vis de Karéma (fin de 1882).

Indépendamment de ces expéditions, le Roi des Belges avait voulu tenter, à ses seuls frais, une nouvelle expérience. Comme le mode de transports à dos d'hommes présente de grandes difficultés et des lenteurs, il fit venir des Indes *quatre éléphants* qui furent expédiés à Zanzibar et mis sous la conduite de deux Anglais, MM. Carter et Cadenhead. On arriva assez promptement à Tabora, en octobre 1889, mais déjà deux éléphants étaient morts, puis un troisième mourut en route sept mois plus tard, et le quatrième en arrivant à Karéma. Carter et Cadenhead eux-mêmes périrent victimes d'une trahison de leur escorte (1880).

Toutes ces expéditions dans l'Afrique orientale avaient été conduites par des Belges (sauf la caravane des éléphants) et organisées au moyen de fonds presque uniquement fournis par la Belgique. Elles ne devaient cependant pas profiter beaucoup au Roi Léopold, car, comme nous le verrons, toutes les stations belges furent abandonnées, et tout le territoire de l'Afrique orientale devint plus tard *possession allemande* (1886).

*<br>* *

Ici se terminent donc les détails que nous avions à

rapporter au sujet des travaux des Belges sur la côte orientale.

De leur côté, quelques autres comités nationaux avaient créé des stations sur la route de Zanzibar au Tanganika : une station allemande à Mpouapoua et à Kakoma, une station française à Condoa, une station mixte à Tabora ; tandis que les Anglais continuaient leurs explorations dans toute la région des grands lacs, particulièrement du Tanganika.

Toutefois, bientôt se manifestèrent les tendances particulièrement nationales et quelque peu égoïstes qui amenèrent peu à peu la désunion et la dissociation.

Le roi des Belges dut s'en apercevoir assez tôt, et sentir la nécessité de restreindre son action personnelle à une région plus limitée. Aussi, lorsque sur la fin de 1877, Stanley fut venu révéler au monde étonné l'existence de la grande artère fluviale du « Livingstone », le Roi le fit venir à Bruxelles et jeta avec lui les bases du COMITÉ D'ÉTUDES DU HAUT-CONGO (1878), qui devait bientôt après se transformer en ASSOCIATION INTERNATIONALE DU CONGO.

## II. STANLEY FONDE LES STATIONS DU BAS-CONGO (1879-1884).

**Le Comité d'études du Haut-Congo.** — Pendant que l'Association africaine faisait dans l'*Afrique orientale* les diverses tentatives que nous avons rapportées plus haut, il naissait à côté d'elle une entreprise distincte qui, sous la même latitude, allait assumer une tâche analogue sur la *côte occidentale* du continent.

Le *Comité d'études du Haut-Congo* déchargea l'Association de cette mission.

Ce Comité se constitua à Bruxelles, le 25 novembre

1878, au capital d'un million de francs. Des souscripteurs belges et étrangers intervinrent dans l'acte de
fondation. Leur but était de s'assurer s'il existait un
moyen pratique d'établir une communication régulière
entre le Bas-Congo et le cours supérieur de ce fleuve ;
il voulaient s'enquérir en outre s'il serait possible un
jour de nouer des relations commerciales avec les
peuples qui habitent le bassin du Haut-Congo et d'y

*Vivi, fondé par Stanley. Collines du Congo, région des chutes de Vivi à Isanghila.*

introduire, en échange des produits du sol africain, les
objets manufacturés d'Europe.

Le Comité adopta le drapeau de l'Association internationale et s'engagea à ériger des stations établies
d'après le même type, remplissant la même mission
que celles qui allaient se fonder à la côte orientale.

**Stanley retourne au Congo** (1879-82). — C'est au
début de l'année 1879 que Stanley, à peine remis des

épreuves de son mémorable voyage, et prenant la direction des travaux techniques de Bruxelles, repartit pour l'Afrique. L'œuvre qu'il y allait entreprendre ne pouvait être confiée dès l'origine à des novices inexpérimentés ou peu sûrs. C'est à Zanzibar, parmi ses anciens compagnons de travaux, qu'il alla recruter les auxiliaires indigènes qui lui étaient indispensables, pendant que les auxiliaires Européens partaient d'Anvers avec le matériel nécessaire.

« Le 14 août 1879, » écrit Stanley, « j'arrivai devant l'embouchure du Congo pour le remonter, avec la mission originale de semer, le long de ses rives, des établissements civilisés, de conquérir pacifiquement le pays, de le jeter dans un moule nouveau pour le mettre en harmonie avec les idées modernes, et d'y constituer des Etats, au sein desquels le commerçant européen fraterniserait avec le noir commerçant d'Afrique ; où règneraient la justice, la loi et l'ordre ; d'où seraient bannis à jamais le meurtre, l'anarchie et le cruel trafic des esclaves. »

Tel était le programme à remplir.

L'expédition réunie aux bouches du Congo, se composait alors de un Américain, deux Anglais, cinq Belges, deux Danois et un Français. Son chef avait de plus sous ses ordres soixante-huit Zanzibarites, soixante-douze Kabindas, quelques nègres de la côte et cinquante indigènes de Vivi engagés à la journée. Le Congo est navigable jusqu'à la distance de 184 kilomètres de la côte ; c'est sur ce point que Stanley se mit à l'œuvre en fondant la station de Vivi. Cet établissement s'élève dans un site pittoresque, sur une colline baignée par le fleuve, à 11 kilomètres en aval de la grande chute de Yellala, à 16 kilom. en arrière des derniers comptoirs européens.

Les bâtiments de la station présentent l'aspect d'un

rectangle dont les côtés mesurent 125 mètres sur 50 ; ils comprennent plusieurs maisons, des logements pour les Zanzibarites, des magasins, des hangars, des ateliers, dominés par un chalet à étage qui sert de demeure au chef.

La station de *Vivi* était fondée le 1er février 1880. Stanley entama aussitôt la construction de la route qui devait relier ce point à un second établissement qu'il comptait établir au-dessus de la cataracte d'Isanghila. La distance était de 83 kilomètres, à travers une contrée sauvage, abrupte, profondément bouleversée par des convulsions souterraines. L'expédition, forte alors de cent quarante hommes, ne pouvait ici trouver sa subsistance dans le pays ; elle dut la faire venir à grands frais d'Europe. Campée sous des tentes, elle transportait en même temps avec elle un énorme matériel naval et technique. Ce grand travail d'ingénieur et de mineur absorba onze mois : c'était la première section de la route vers le Stanley-Pool. A son extrémité s'éleva la *station* d'**Isanghila**, au fond d'une crique profonde, sur une colline haute de 50 mètres. Une grande maison d'habitation, un magasin en briques, un jardin clôturé, des logements pour les Noirs, constituent les principaux éléments de cette station.

A partir de ce point, le Congo, bien que toujours hérissé d'obstacles, est relativement navigable sur une étendue de 120 kilomètres. L'expédition reprit la voie fluviale, et, en trente-trois voyages, elle transporta son matériel jusqu'à Manyanga, qu'elle atteignait au mois de mai 1881. De graves difficultés l'y attendaient ; son chef tomba dangereusement malade, en même temps que les indigènes se montraient plus hostiles, plus défiants, moins accessibles à l'intelligence du but de l'entreprise. Ce ne fut toutefois qu'un arrêt momentané ; au bout de deux mois, Stanley était rétabli et les négociations conduisaient à la cession amiable d'un terrain sur lequel est établie la *station de* **Manyanga**. Située à deux kilomètres de la grande cataracte de Ntombo-Mataka, dont le mugissement se perçoit dans un rayon de 10 kilomètres, la station occupe le sommet d'une colline de 80 mètres de hauteur.

C'est à cette époque et en cet endroit que le grand voyageur faillit mourir d'une fièvre bilieuse. Déjà il avait mandé dans sa tente les compagnons de ses travaux et leur avait fait ses adieux : « Dites à votre Roi, ajoutait-il d'une voix faible et entrecoupée, que mes forces m'ont trahi, et que je regrette de n'avoir pu accomplir la mission qu'il m'avait confiée. »

Heureusement qu'une médication énergique, jointe à un tempérament de fer, vainquit la maladie.

Cent cinquante-deux kilomètres séparent Manyanga du Stanley-Pool. Cette section du fleuve est à peu près innavigable ; le sol, sur les deux rives, est d'autre part profondément raviné dans une notable partie du trajet. Ces obstacles, ainsi que tous ceux échelonnés depuis Vivi, ont été surmontés, mais Dieu sait au prix de quels sacrifices !

« **Travaux audacieux** et gigantesques, quelquefois même surhumains, dit M. Oscar Roger, l'un des collaborateurs, où l'héroïque Stanley dut déployer cette volonté inflexible, cette patience, cette adresse qui sont ses qualités prédominantes ; car il s'agissait d'acheminer, avec une poignée d'hommes, les chariots sur lesquels étaient chargés les steamers et les autres *impedimenta* de tous genres destinés aux stations futures, et cela, à force de bras, par monts et par vaux, à travers les marécages, à travers les torrents qui coulent au fond des vallées, à travers les rivières qu'il passait sans ponts, aux endroits guéables ; ici

**Henry M. STANLEY,**
*Le grand explorateur de l'Afrique centrale.*
*Organisateur de l'Etat indépendant du Congo.*

s'ouvrant, par un labeur effroyable, une passe dans l'épaisse forêt vierge où il fallait couper le sous-bois, les lianes enchevêtrées, les arbres qui gênaient ; là, pour ne point franchir une montagne escarpée sur les deux flancs, et dont l'ascension et la descente eussent demandé de nombreux jours, et usé peut-être les forces de toute l'expédition, construisant dans le roc, au pied de cette montagne, en déblayant souvent au moyen de la mine, une route remarquable, qui côtoie le Congo, comme le Congo côtoyait autrefois cette montagne. »

Transports et travaux mémorables, représentant en résumé ce qu'ont dû être en grand, les expéditions fameuses d'Annibal et de Bonaparte franchissant les Alpes !

C'est ainsi qu'après deux ans d'héroïques efforts, Stanley avait établi une route suffisante pour le passage des convois et le portage des embarcations. Ce chemin suivait la rive droite de Vivi par Isanghila et Manyanga, partout où il était nécessaire d'abandonner la navigation du fleuve, et il débouchait sur le Stanley-Pool par la rive droite. Mais ici commence une difficulté d'un nouveau genre.

Quand Stanley, devançant l'expédition, arriva, au mois de juillet 1881, au lac où commence le Congo navigable, il se trouva en présence d'une situation imprévue. M. de Brazza avait conclu le 3 octobre de l'année précédente (1880), un traité par lequel le chef Makoko cédait à la France la souveraineté de la rive septentrionale du lac. Quelle que fût la portée de cet acte qui lui semblait étrange, Stanley passa sur la rive gauche où l'appelait un chef ami. Une convention solennelle à laquelle participèrent tous les chefs du pays, assura de ce côté l'avenir de l'entreprise. (v. p. 95).

Quatre mois après l'arrivée du gros de l'expédition

aux bords du lac, la *quatrième* **station**, appelée **Léopoldville**, s'élevait à Ntamo et devenait bientôt un centre de culture et de civilisation ; les indigènes y affluent déjà dans l'espoir d'échanger leurs produits. Cet établissement était à peine créé au mois de février 1882, que Stanley remontait encore de 160 kilomètres le cours libre du fleuve et, grâce à d'importantes concessions obtenues des chefs du pays, fondait une *cinquième* station à **Msouata**, au sud du confluent du Kwa et du Congo. Cet acte avait une haute portée : il annonçait l'ouverture de la navigation intérieure et promettait de nouvelles découvertes.

Quelque temps après, il pénétra dans le Kwa, qu'il croyait être le Koango venant du sud et qui fut reconnu plus tard pour être le Kassaï inférieur, puis dans un grand lac dont il fit le tour et auquel il donna le nom de lac *Léopold II*.

Malade, Stanley interrompit ensuite, vers le milieu de 1882, son exploration, et revint en Europe, où il dut sans doute exposer au Roi la difficulté soulevée par M. de Brazza. Puis il retourna en toute hâte au Congo qu'il remonta jusqu'aux Stanley-Falls, ainsi que nous le verrons ci-après.

Les stations fondées par Stanley, comme les tronçons de route qui les unissaient, avaient le même caractère et remplissaient le même office que les stations établies à la côte orientale par l'Association africaine. Elles étaient internationales ; elles arboraient un drapeau neutre et vivaient sous la simple protection du droit des gens.

### III. STATIONS DU HAUT-CONGO.

**Stations du Haut-Congo.** — C'est le 24 août 1883 que Stanley partit de Léopoldville pour entreprendre une nouvelle exploration du Haut-Congo, ayant pour objet l'étude du fleuve et de quelques-uns de ses affluents, la conclusion de traités d'alliance avec les chefs indigènes, l'installation de stations hospitalières jusqu'aux chutes dites *Stanley-Falls.*

L'explorateur quitta le Stanley-Pool sur l'*En-Avant*, petite embarcation à vapeur et à roues, de 9 tonneaux de jauge. A la station de **Msouata**, organisée par Janssen, il rallia la baleinière l'*Eclaireur* et les deux steamers le *Royal* et l'*Association internationale africaine* (*A. I. A.*), tous deux à hélice et jaugeant 8 tonneaux.

Les quatre bâtiments arrivèrent de concert, le 27, à la nouvelle station de Kouamouth, que venait de fonder, au confluent du Kouango, dans un site magnifique et des plus salubres, le lieutenant suédois Pagels.

**A Bolobo**, situé en amont, à vingt-six heures de navigation, Stanley fut arrêté par le règlement d'un grave différent qui s'était élevé entre les Bayanzi et le chef de la station, M. Brunfaut.

Les Bayanzi sont un peuple turbulent. **Ibaka**, leur chef, avait commencé par accueillir avec empressement MM. Hanssens et Orban, qui avaient établi, au mois d'octobre 1882, la station de Bolobo. Mais, depuis cette époque, l'entente, d'abord si cordiale entre blancs et noirs, avait été rompue, et, à la suite d'une querelle, les Bayanzi avaient attaqué la station et y avaient mis le feu.

Stanley parvint, non sans peine, à rétablir les relations sur leur ancien pied ; un traité de paix fut signé avec Ibaka, et la station se releva de ses cendres.

Ces négociations et ces travaux retinrent l'expédition à Bolobo pendant 18 jours.

**A Loukoléla**. — Le trajet de Bolobo à Equateur-Station se fit en treize jours, pendant lesquels l'expédition fit deux arrêts, chacun fécond en conséquences.

Le 20 septembre, Stanley, après avoir constaté par une reconnaissance l'importance et la parfaite salubrité de la contrée située le long du Congo, en face du confluent du Mbossi (Alima), s'y arrêta, traita avec le chef du pays et, ayant acquis de lui une importante concession de terrain, fonda une station près du village de Loukoléla. Un anglais, M. Glave, en prit la direction.

Le 26 septembre, la petite flottille jeta l'ancre devant le grand village d'Ousindi, où Stanley avait déjà, quelques mois auparavant, établi de solides alliances. Irebou, le roi du district, vint visiter l'explorateur à bord de l'*En Avant*, et les relations furent consolidées avec son peuple.

Le 29, l'expédition arrivait à **Equateur-Station**, où résidaient deux officiers belges, les lieutenants Coquilhat et Van Gèle.

C'est le 17 octobre que les quatre bâtiments commencèrent la navigation en amont d'Equateur-Station, point extrême qui n'avait pas encore été dépassé.

L'accueil ne fut pas moindre **chez les Bangala**. Stanley y demeura trois jours, qui furent consacrés à d'amicales négociations. Ce peuple belliqueux, qui s'était opposé avec tant d'ardeur au passage du voyageur en 1877, sollicitait de lui maintenant l'envoi d'un homme blanc, lui concéda un terrain pour l'établissement d'une station et accepta le drapeau de l'Association.

L'exploration commençait donc sous les plus heureux auspices. Le capitaine Hanssens acheva l'œuvre commencée par Stanley et établit des stations nouvelles chez ces peuples amis.

**Au confluent de l'Arouhimi**. — Ce n'est pas sans une certaine appréhension que Stanley approchait du confluent de la grande rivière Arouhimi, où, en 1877, il avait eu à soutenir de si terribles combats pour défendre sa vie et celle des hommes qui l'accompagnaient dans son aventureuse traversée de l'Afrique.

Il y arriva le 15 novembre, à 3 heures de l'après-midi, et s'en alla camper sur la rive gauche, en face de ces mêmes villages qui avaient lancé contre lui un nombre si considérable de canots de guerre.

Aussitôt la rive opposée s'anima ; comme autrefois les grands tambours firent entendre leurs appels belliqueux et les bords de la rivière se garnirent d'indigènes en armes. Mais deux canots seulement s'avancèrent en reconnaissance jusqu'à une certaine distance de la rive, où Stanley avait établi son camp provisoire et où tout son monde, bien en vue, demeurait immobile et fumant.

Après une heure d'attente, Stanley se décida à agir ; il regagna ses bateaux, traversa avec eux la rivière et passa devant les villages à toute vapeur, en serrant la rive de près. L'effet fut immense. Les trois steamers, leurs pavillons déployés, la vapeur qui s'échappait bruyamment des cheminées, la révolution des roues, l'agitation des eaux, la rapidité de la marche, et, sur le toit des cabines, ces hommes blancs faisant des gestes de paix et envoyant des paroles d'amitié, tout frappa d'étonnement et de curiosité ces peuples primitifs. Les tambours de guerre cessèrent de résonner ; des discours furent échangés ; le soir même, l'expédition était autorisée à s'établir près des villages ; le lendemain, on négociait et les chefs acceptaient les présents de l'homme blanc ; le surlendemain, la paix était faite.

Le 20 novembre, à 4 heures de l'après-midi, après avoir navigué pendant environ 315 kilomètres sur l'Arouhimi, large cours d'eau qui décrit de grands demi-cercles, la flottille arriva au village d'*Yambouga*, où se trouvent des rapides qui l'arrêtèrent : force fut donc de revenir sans pouvoir relier, comme il l'espérait, cette rivière à l'*Ouellé*, de Schweinfurth.

**Les chasseurs d'hommes**. — L'expédition quitta le confluent de l'Arouhimi le 24 novembre. Le lendemain, elle croisa au large une flotte immense, forte au moins de mille canots. Vue de loin, c'était comme une cité flottante. Stanley eut un instant la crainte d'un conflit, mais elle passa en vue des vapeurs sans faire aucune démonstration hostile.

Le lendemain, d'autres flottilles, de moindre importance, furent rencontrées pagayant et descendant le fleuve. On eût dit la migration de tout un peuple. Evidemment il se passait dans le pays quelque événement extraordinaire.

Stanley en eut l'explication en arrivant chez les Mawembé (rive droite). Toute la contrée était dévastée ; les villages n'étaient plus que des amas ravagés et brûlés ; les palmiers et les bananiers étaient rôtis par le feu ; les populations affolées se pressaient sur les rives. Quelle était la cause d'une si grande désolation ?... La chasse à l'homme.

Les traitants venaient de conduire jusque chez les Mawembé leurs bandes, qui s'étaient abattues sur le pays le mousquet d'une main et la torche de l'autre. Les villages avaient été surpris pendant la nuit ; les hommes qui avaient voulu résister avaient été massacrés ; le reste, avec les femmes et les enfants, était emmené en esclavage. Partout régnaient la ruine et la terreur ; les populations voisines, terrifiées, fuyaient vers le nord.

L'affreuse scène ayant eu lieu la veille, les assaillants ne pouvaient être loin. Stanley les rencontra, en effet, le lendemain, 27 novembre, campés au bord du

Congo ; pour la première fois, ils venaient de pousser leurs razzias aussi avant vers l'ouest. Ils invitèrent Stanley à s'établir auprès d'eux et lui firent, comme par le passé, à Tabora, Oudjiji et Nyangwé, l'accueil le plus empressé. Plus de 1300 esclaves, capturés la veille, étaient dans leur camp.

Stanley ne pouvait songer à les délivrer, et son cœur dut saigner de se sentir impuissant à secourir tant de misères. Du reste, délivrer les captifs, ce n'était, en ce moment, que les sauver de l'esclavage pour les vouer à la famine. C'était de plus, compromettre peut-être pour longtemps la marche de la civilisation dans ces contrées lointaines et la sécurité des blancs qui allaient s'y fixer. Il fallut patienter.

On quitta donc les traitants en bons termes et le lendemain, ayant à bord un interprète, on se dirigea vers les chutes, qui étaient proches.

**La station des Stanley-Falls.** — Stanley y arriva le 1er décembre, au matin. Les trois vapeurs jetèrent l'ancre à une certaine distance de la rive nord, tandis que la baleinière l'*Eclaireur* s'avança vers les villages, avec le guide. Une heure après, elle revenait, ayant à bord les principaux chefs des environs. L'entrevue fut extraordinairement cordiale. Après un long palabre et bien des embrassades, l'expédition fut invitée à faire vapeur en avant et bientôt elle campa au pied même de la première cataracte.

En 1876, Stanley, venant de Nyangwé, s'était vu arrêté dans sa descente du Loualaba-Congo par une succession de cataractes barrant le fleuve, au nord et au sud de l'équateur. Ce sont toutes plutôt des rapides produits par des rampes et des filons de roches volcaniques obstruant le lit du fleuve, et par dessus lesquels les eaux resserrées forment des chaos de bouillonnements et de tourbillons d'une extrême violence, se gonflent, s'accumulent et se précipitent entre les rochers avec un fracas qui s'entend de loin.

Les journées des 2 et 3 décembre furent consacrées à examiner les environs de la chute, au double point de vue de la salubrité et de l'abondance des vivres, et à rechercher le meilleur emplacement pour la future station que le comité de l'Association avait recommandé d'établir dans ces parages. Il fut décidé que ce poste avancé de la civilisation serait élevé au milieu du fleuve, dans l'île d'Ouana-Rousani. Cette île, longue de 1800 à 2000 mètres, large en certaines parties de 6 à 700, est située à environ 4 kilomètres en amont de la première chute. Elle est d'un accès facile, salubre, fertile et fort peuplée. Sa population, évaluée à environ 1500 âmes, occupe de nombreux villages ayant des rues parallèles et transversales à angles droits. Leurs habitants, qui appartiennent à la tribu des Vouenya, sont industrieux et travaillent le bois, la terre et les plantes fibreuses avec beaucoup d'habileté. L'ivoire est, dans tous les environs, d'une extrême abondance.

Les sept jours qui suivirent furent passés en conciliabules avec les chefs ; des traités furent signés, le bâtiment de la station fut élevé et le drapeau de l'Association hissé au-dessus des eaux du Congo, à égale distance des deux océans, c'est-à-dire *au cœur même* de l'Afrique. Alors Stanley, envoya viâ Nyangwé, un courrier au commandant de Karéma, pour l'informer de l'événement important qui venait de s'accomplir à une centaine de lieues seulement de l'extrémité septentrionale du lac Tanganika.

La santé très compromise de M. Roger ne permettant pas à celui-ci d'assumer une aussi lourde tâche que la direction de cette station lointaine, celle-ci fut confiée au mécanicien du *Royal*, l'Anglais Bennie. Stanley lui laissa 10 Zanzibarites, 20 Haoussas et des vivres pour une année ; puis le 10 décembre, il quitta la nouvelle station des Chutes et redescendit le fleuve.

**Retour à Léopoldville.** — Enfin, le 20 janvier 1884 après une absence de quatre mois et vingt-six jours, l'expédition jetait l'ancre dans la petite baie de Léopoldville. Tout s'y trouvait dans l'état le plus prospère: les maisons s'élevaient sur une ligne imposante le long de la terrasse, les magasins étaient remplis, les provisions abondantes, tout le monde en bonne santé. Sous tous les rapports, le progrès était considérable.

Quant à Stanley, il ramena intacts au Stanley-Pool les trois steamers et la baleinière ; les quatre petits bateaux avaient admirablement supporté ce long et difficile voyage. L'expédition n'avait perdu aucun de ses membres ; seulement l'*En Avant* ramenait M. Roger dans un état de santé assez critique pour que le retour immédiat en Europe lui fût ordonné.

Stanley aussi était rendu. Le travail avait été pour lui incessant, pendant ces cinq mois : à terre, constamment forcé de parler, de persuader, de négocier ; à bord, faisant sans cesse la garde pour la surveillance des embarcations : double besogne exténuante. En outre, il souffrait de rhumatismes dans les reins, contractés en demeurant trop longtemps assis dans ces petits bateaux, et le foie était congestionné par suite du manque d'exercices. A Léopoldville, il trouva tous les soins que nécessitait son état, et il s'y rétablit complètement.

## APPENDICE

**Pierre Savorgnan de Brazza,** italien de naissance naturalisé français, prit vers 1870, du service dans la marine de la République. De 1875 à 1877, il fit l'exploration du petit fleuve Ogowé, au Gabon. Parvenu sur le plateau où se trouve aujourd'hui Franceville, il découvrit deux rivières l'*Alima* et la *Licona* se

*Pierre Savorgnan de Brazza, organisateur du Congo français.*

dirigeant vers l'est. L'hostilité des indigènes, qu'il dût combattre à coups de fusil, l'obligea à rebrousser chemin, malade et épuisé.

Revenu au Gabon, il reçut à titre d'encouragement du Roi des Belges, une première somme de 20,000 francs. Il vint à Bruxelles, où Léopold II lui proposa de fonder *pour l'Association internationale,* dont la France faisait partie, deux stations dans la région occidentale du Congo que Stanley venait de traverser (1878).

De Brazza ayant accepté, reçut du roi à cette fin une seconde somme de 20,000 francs, et repartit à la hâte « *afin*, dit-il lui-même dans une lettre au ministre de France, *d'arriver au Stanley-Pool et d'y planter le drapeau français, avant que Stanley*, empêché par un matériel considérable (et ne soupçonnant pas un coup pareil) *n'ait pu le faire. Sinon*, ajoutait-il, *il aurait paru faire une simple exploration géographique.* »

Grâce à l'aide du gouvernement français, P. de Brazza put accomplir son double projet : il fonda Franceville en juin 1880, traita avec le Makoko de Mbé, et, parvenu sur la rive septentrionale du Stanley-Pool, (à *Brazzaville*), *il y planta effectivement le drapeau français*, qu'il confia à la garde d'un sergent et de deux soldats amenés du Sénégal (3 octobre 1880).

C'est en descendant le Congo qu'il rencontra Stanley, comme nous l'avons dit (p. 86). On conçoit combien celui-ci, arrivant en juillet 1881, sur les lieux qu'il avait le premier découvert quatre ans auparavant, dut être surpris de voir un tel fait accompli par un homme qu'il croyait agir, comme lui-même, pour le compte de l'Association internationale, et non pour un intérêt particulier.

De cette prise de possession, ratifiée par les Chambres françaises, résultèrent les difficultés politiques qui nécessitèrent le Congrès de Berlin, et dont il sera question au chapitre suivant.

# CHAPITRE IV.

## CONFÉRENCE DE BERLIN, 1885.

### § 1. Fondation de l'État indépendant du Congo.

**Les causes de la Conférence**. — Pendant que M. de Brazza travaillait pour le compte de la France dans l'Ouest africain, le comité d'études du Haut-Congo avait accompli des travaux considérables, grâce à l'activité de Stanley et de ses compagnons. Des stations jalonnaient les rives du Congo jusqu'aux Stanley-Falls, et celles du Kouilou-Niari jusqu'à la mer.

Ce fut alors que ce comité se transforma en prenant le titre d'*Association internationale du Congo* laquelle adoptant le *drapeau bleu* de la primitive Association africaine, eut pour but politique l'acquisition de territoires avec les droits de souveraineté, par le moyen de contrats légaux conclus avec les indigènes ; en un mot, la création d'un Etat libre et neutre qui pût être reconnu par le droit européen. Il s'agissait avant tout de couper court aux convoitises de certaines puissances.

En effet, déjà les dangers croissaient pour l'œuvre du Roi ; ils venaient d'une part des prétentions du Portugal, qui réclamait tout ou partie du bassin du Congo comme lui appartenant depuis quatre siècles, alors qu'il n'y avait laissé aucune trace d'organisation, ni même d'occupation au-delà des chutes. Le gouver-

nement Anglais sembla un instant vouloir épouser les
intérêts du Portugal ; mais l'opinion publique préférant
la liberté commerciale, le força à renoncer au projet
de traité anglo-portugais.

D'autre part, le gouvernement français avait ratifié
le traité conclu, nous avons vu dans quelles circonstances, avec le Makoko, qui se disait souverain des
deux rives du fleuve dans les parages du Stanley-Pool.
Admettre de telles prétentions, c'était barrer aux
Belges, la sortie du pays. La France réclamait en
outre tout le bassin du Kouilou, nonobstant les établissements internationaux déjà existants.

Ce fut sans doute pour conjurer le danger le plus
pressant, que le Président de l'Association internationale consentit en 1884 (23 avril) à signer une convention par laquelle « elle s'engageait à donner la
» préférence à la France si, par des circonstances im-
» prévues, elle était obligée un jour d'aliéner ses
» possessions. De son côté, le gouvernement français
» prenait l'engagement de respecter les stations et les
» territoires de l'Association. »

En avril 1884, les Etats-Unis, par un vote du Sénat,
reconnurent les droits souverains de l'Association
internationale du Congo, et, la traitant comme *puissance amie*, le gouvernement américain conclut avec
elle une convention par laquelle l'Association accordait
la liberté du commerce et de la navigation sur ses
territoires, avec la faculté pour les étrangers de s'y
fixer librement, d'y acquérir des terres, etc.

Reconnue par une puissance de cette valeur, l'Association devenait en réalité un *Etat souverain*.

C'est alors qu'intervint le prince de Bismarck. Désireux d'acquérir des possessions coloniales qui man-
quaient à l'empire allemand et convoitant déjà peut-
être les territoires de l'Afrique orientale, le chancelier

s'entendit avec la France pour la convocation de la Conférence de Berlin, à l'effet de régler diverses questions de droit international.

Dès le 8 du mois de novembre, l'Allemagne imitant l'Amérique, avait reconnu la *souveraineté* de l'Association internationale du Congo.

La conférence de Berlin s'ouvrit le 15 novembre 1885. Quatorze puissances avaient répondu à l'appel de M. de Bismarck, et prirent part aux délibérations.

Ce sont l'Allemagne, l'Angleterre, la France, l'Autriche, la Russie, l'Italie, qui sont les six grandes puissances européennes ; en outre, les Etats-Unis d'Amérique, l'Espagne, le Portugal, la Hollande, le Danemark, la Suède, la Norwège et la Belgique.

Parmi ces Etats, l'Allemagne et la France, par suite d'une entente préalable, ont eu le rôle prépondérant, ce qui explique les avantages qu'elles en ont retirés.

Quant à l'Angleterre, elle n'eut qu'un rôle passif, et eut même à défendre ses droits souverains dans le bassin du Niger. Toutefois, ainsi que les Etats-Unis, elle a prêté ses bons offices aux diverses parties pour amener la concorde.

**Résolutions de la Conférence.** — Les résolutions prises par la Conférence comportent quatre points principaux, réglant des droits internationaux. La reconnaissance du nouvel Etat du Congo ne vient qu'ensuite, comme corollaire.

I. Le premier point concerne la *liberté du commerce et de la navigation sur le Congo et son bassin conventionnel.* Cette liberté est assurée par la création d'une *zone commerciale neutre* qui, non-seulement comprend tout le bassin hydrographique du fleuve, mais se prolonge de l'Atlantique à l'océan Indien en englobant à l'ouest une partie des territoires du Congo français et portugais, et à l'est, le **Zanguebar** et le **Mozambique** portugais, depuis le 5ᵉ degré de latitude nord jusqu'à l'embouchure du fleuve **Zambèze**.

Quelles que soient les puissances occupantes, actuelles ou à venir, de cette zone neutralisée, elles ne pourront y établir aucun droit de douane sur les marchandises importées ; seuls les produits exportés pourront être taxés dans des limites restreintes. La surveillance de l'exécution de ces décisions et la police des voies incomberont à une commission internationale.

**La** Conférence consacre une *liberté analogue de navigation pour le Niger*. La France et l'Angleterre ayant seules des possessions sur ce fleuve, se chargeront de la police, la première sur le Haut Niger, la seconde dans le bas fleuve et le Delta.

II. Le second point établit, en cas de guerre, la *neutralité* de ces territoires et l'interdiction aux puissances, même occupantes, d'en faire la base de leurs opérations militaires, pour ne pas nuire à la liberté commerciale et la tranquillité du pays.

III. Une troisième déclaration est relative à l'*extirpation de la traite des nègres* ; elle met des entraves à l'introduction des alcools et des armes de guerre au milieu des peuplades africaines. Elle protège les missionnaires, les voyageurs, les commerçants, quelle que soit leur nationalité.

IV. Le quatrième point détermine les formalités à remplir pour rendre effectives *les prises de possession* de nouveaux territoires en Afrique. Toute nation qui vient d'annexer un territoire doit en adresser une notification officielle aux autres puissances, et désigner en même temps les limites de son emprise, du moins sur la partie littorale ou maritime.

Toutes les puissances se sont mises assez aisément d'accord sur les points ci-dessus.

**Reconnaissance de la souveraineté de l'Association du Congo**. — Il n'en est pas de même du cinquième point, qui était cependant le principal, mais qui n'était qu'indirectement indiqué dans le programme. C'est la reconnaissance officielle, comme puissance souveraine, de cette *Association internationale* qui, la première, avait jeté les bases de la colonisation dans l'immense région du Congo.

« Pendant quatre mois, dit M. Banning, tout en s'acquittant de sa mission propre, la Conférence de Berlin a été le foyer de négociations actives, poursuivies en dehors d'elle, mais étroitement connexes à l'objet de ses délibérations. Il s'est agi de généraliser la reconnaissance et de fixer les limites du territoire de l'Association. Cette tâche était compliquée : conduite par des moyens purement moraux, elle devait se heurter à plus d'une difficulté et passer par bien des péripéties. Jusque dans les premiers jours de janvier 1885, les traités de reconnaissance furent successivement conclus, sur la base commune de la liberté commerciale absolue, avec l'Angleterre (le 16 décembre), l'Italie, puis l'Autriche-Hongrie (le 24), puis les Pays-Bas, l'Espagne, la France, la Russie, la Suède et Norwège, le Danemark et le Portugal.

» La négociation avec la France a été longue et laborieuse : ouverte à Berlin même, transférée à Paris dans les derniers jours de décembre, renvoyée à Berlin vers la mi-janvier, elle n'a abouti que le 5 février. La matière en était difficile et complexe ; il y avait à résoudre une question territoriale, une question financière et une question de médiation. L'Association ne pouvait, sans souscrire à sa ruine, concéder les limites réclamées par la France, à moins d'avoir la certitude de l'abandon des prétentions portugaises sur la rive droite du Congo. De là les lenteurs et les vicissitudes d'une négociation dont les bases même ont souvent varié.... »

Après de longues négociations, l'Association cédait à la France ses quatorze établissements de la côte et du bassin du Kouilou-Niari, dont plusieurs portent des noms significatifs, tels que : Philippeville (de Philippe, comte de Flandre), Baudouinville (du prince royal Baudouin), Stephanieville (de la princesse Stéphanie), Rudolfstadt (de Rodolphe, prince impérial d'Autriche).

Le territoire du Kouilou prolongé à l'est jusqu'au Congo moyen, ajouté au bassin de l'Ogôoué et à l'ancien Gabon français, constitue dès lors pour la France une superbe colonie de plus de 600,000 km. carrés, où l'on trouve les stations de Franceville et de Brazzaville, celle-ci, sur la rive nord du Stanley-Pool.

De son côté, le Portugal a obtenu de prolonger au nord le territoire de l'Angola, jusqu'à l'embouchure du Congo, rive gauche. La limite suit le parallèle de Nokki jusqu'à la rencontre du Koango, affluent du Congo, et remontera cette rivière jusqu'à sa source dans la direction du sud.

**Séance finale du 23 février 1885.** — Ces difficultés aplanies, le gouvernement de la Belgique, qui s'était abstenu jusque-là, à cause de sa neutralité politique, imite les autres Etats en reconnaissant la souveraineté de l'Association.

En conséquence, dans la séance de clôture du 23 février, M. le colonel Strauch, président de l'Association, notifie l'adhésion de celle-ci, par la lettre suivante adressée à S. A. S. le prince de Bismarck :

« Prince, l'Association internationale du Congo a » conclu successivement avec les puissances repré- » sentées à la Conférence, *des traités qui reconnaissent*

» *son pavillon* comme celui d'un Etat ou d'un gouver-
» nement ami.

» S. M. le Roi (Léopold) en porte la connaissance au Congrès.... »

Le président M. Busch fit suivre cette communication des paroles ci-après, qui marquent l'admiration des puissances pour l'œuvre du roi Léopold.

*M. le colonel Strauch, président de l'Association Africaine.*

« Messieurs, je crois être l'interprète du sentiment unanime de la Conférence en saluant comme un événement heureux la communication qui nous est faite, et qui constate la reconnaissance unanime de l'Association du Congo. Tous nous rendons justice au but élevé de l'œuvre à laquelle S. M. le Roi des Belges a attaché son nom ; tous, nous connaissons les efforts et les sacrifices au moyen desquels Il l'a conduite au point où elle est aujourd'hui ; tous, nous faisons des vœux pour que le succès le plus complet vienne couronner une entreprise qui peut seconder si utilement les vues qui ont dirigé la Conférence. »

Le baron de Courcel (France) prend la parole dans les termes suivants :

« En qualité de représentant d'une puissance dont les possessions sont limitrophes de celles de l'Association internationale du Congo, je prends acte avec satisfaction de la démarche par laquelle cette Association nous notifie son entrée dans la vie internationale. J'émets au nom de mon Gouvernement, le vœu que l'Etat du Congo, territorialement constitué aujourd'hui dans des *limites précises*, arrive bientôt à pourvoir d'une organisation gouvernementale régulière, le vaste domaine qu'il est appelé à faire fructifier. *Ses voisins seront les premiers à applaudir à ses progrès*, car ils seront les premiers à profiter du développement de sa prospérité et de toutes les garanties d'ordre, de sécurité et de bonne administration dont il entreprend de doter le centre de l'Afrique.

» Le nouvel Etat doit sa naissance aux aspirations généreuses et à l'initiation éclairée d'un Prince entouré du respect de l'Europe. Il a été voué, dès son berceau, à la pratique de toutes les libertés. Assurés du bon vouloir unanime des puissances qui se trouvent ici re-présentées, souhaitons-lui de remplir les destinées qui lui sont promises, sous la sage direction de son auguste fondateur, dont l'influence modératrice sera le plus précieux gage de son avenir. »

Les représentants des autres Etats signataires ont tenu un langage analogue, ce qui prouve l'admiration générale pour l'œuvre du Roi, et devrait être pour l'avenir la meilleure garantie de sa stabilité.

## § II. Organisation de l'État du Congo.

**Léopold II, souverain de l'Etat indépendant du Congo.** — L'Etat du Congo était créé, ses limites étaient tracées. Restait la question de savoir qui en serait le premier souverain et quelle forme de gouvernement serait adoptée.

Il va de soi que le Roi Léopold, le courageux promoteur et le généreux bailleur de fonds de l'œuvre africaine, avait seul droit à la qualité de Souverain du Congo. L'opinion publique le désignait comme tel. De nombreuses adresses au Roi furent signées en Belgique par les Corps de l'Etat, aussi bien que par les Chambres de commerce et les particuliers, qui le félicitèrent de l'heureux résultat de la Conférence de Berlin.

Assuré de cette approbation générale, S. M. Léopold II écrivit à ses ministres, le 16 avril, la lettre suivante, pour leur demander de présenter aux Chambres un projet de loi l'autorisant, conformément à l'article 62 de la Constitution, à accepter la souveraineté d'un autre Etat :

« Messieurs, L'œuvre créée en Afrique par l'Association internationale du Congo a pris un grand développement. Un nouvel Etat se trouve fondé, ses limites sont déterminées et son pavillon est reconnu par presque toutes les puissances.

» Il reste à organiser sur les bords du Congo le gouvernement et l'administration.

» Les plénipotentiaires des nations représentées à la Conférence de Berlin se sont montrés favorables à l'œuvre entreprise, et depuis, les deux Chambres législatives, les principales villes du pays et un grand nombre de corps et d'associations importantes m'ont exprimé à ce sujet les sentiments les plus sympathiques.

» En présence de ces encouragements, je ne puis reculer devant la poursuite et l'achèvement d'une tâche à laquelle j'ai pris, en effet, une part importante, et puisque vous estimez comme moi, Messieurs, qu'elle peut être utile au pays, je vous prie de demander aux Chambres législatives l'assentiment qui m'est nécessaire.

» Les termes de l'article 62 de la Constitution caractérisent par eux-mêmes la situation qu'il s'agirait d'établir :

» Roi des Belges, je serais en même temps le souverain d'un autre État.

» Cet État serait indépendant comme la Belgique, et il jouirait, comme elle, des bienfaits de la neutralité.

» Il aurait à suffire à ses besoins et l'expérience, comme l'exemple des colonies voisines, m'autorise à affirmer qu'il disposerait des ressources nécessaires.

» Sa défense et sa police reposeraient sur des forces africaines commandées par des volontaires européens.

» Il n'y aurait donc entre la Belgique et l'État nouveau qu'un lien personnel. J'ai la conviction que cette union serait avantageuse pour le pays, sans pouvoir lui imposer des charges en aucun cas.

» Si mes espérances se réalisent, je me trouverai suffisamment récompensé de mes efforts. Le bien de la Belgique, vous le savez, Messieurs, est le but de toute ma vie. »

D'après l'art. 62 de la Constitution, « le roi ne peut être en même temps chef d'un autre État, sans l'assentiment des deux Chambres. Aucune des Chambres ne peut délibérer sur cet objet, si deux tiers au moins des membres qui la composent ne sont présents, et la résolution n'est adoptée qu'autant qu'elle réunit au moins les deux tiers des suffrages. »

Le 28 avril, la Chambre des représentants et, le 30, le Sénat ont adopté un projet de loi ainsi conçu :

« Sa Majesté Léopold II, roi des Belges, est auto-
» risée à être le chef de l'Etat fondé en Afrique par
» l'Association internationale du Congo.

» L'union entre la Belgique et le nouvel Etat sera
» exclusivement personnelle. »

Les armoiries de l'Etat indépendant du Congo.

De façon que la neutralité de la Belgique ne peut pas être compromise par le fait de cette union.

L'autorisation des Chambres obtenue, Léopold II choisit le titre de SOUVERAIN DE L'ETAT INDÉPENDANT DU CONGO, écartant ceux de prince, de roi ou d'empereur du Congo, que l'on avait mis en avant.

Les armes du nouvel Etat sont les armes personnelles de Léopold, et non celles de la Belgique, et son drapeau est le *drapeau bleu à étoile d'or*, le même qu'avait inauguré l'Association africaine, et qui, paraît-il, avait été le drapeau de l'ancien Etat indigène du Congo (San-Salvador, aujourd'hui englobé dans les possessions portugaises).

**Limites officielles de l'Etat du Congo**, fixées pendant les négociations de la Conférence de Berlin.

1° *A l'ouest*. Le littoral de l'océan Atlantique jusqu'à l'embouchure de la rivière qui se jette dans l'océan Atlantique au sud de la baie de Kabinda ; — la droite qui joint cette embouchure à Cabo Lombo ; — le parallèle de ce dernier point prolongé jusqu'à son intersection avec le méridien du confluent du Culcacalla avec la Luculla ; le méridien ainsi déterminé jusqu'à sa rencontre avec la rivière Luculla; le cours de la Luculla jusqu'à son confluent avec le Tchiloango.

2° *Au nord-ouest*. La rive gauche du Tchiloango jusqu'à sa source la plus septentrionale ; la crête de partage des eaux du Niadi-Kouilou et du Congo jusqu'au delà du méridien de Manyanga ; le Congo jusqu'au Stanley-Pool ; la ligne médiane du Stanley-Pool ; le Congo jusqu'à un point à déterminer en amont de la rivière Licona-Nkundja ; une ligne à déterminer depuis ce point jusqu'au 17° de long. E. de Greenwich, en suivant autant que possible la ligne de partage des eaux du bassin de la Licona-Nkundja ; le 17° degré de long. E. de Gr., jusqu'à sa jonction avec le 4ᵉ parallèle de latitude nord (1).

3° *Au nord*, le parallèle de 4° latitude nord, entre les méridiens de 17° et 30° long. E. de Greenwich.

4° *A l'est*, le méridien de 30° E. de Greenwich jusqu'à 1° 20 de lat. sud ; de là une ligne brisée jusqu'à la pointe N. du lac Tanganika ; la ligne médiane de ce lac ; une ligne joignant le Tanganika au lac Moéro, le cours du Louapoula ; puis la ligne médiane du Bangouélo.

5° *Au sud* et *sud-ouest*, la ligne de partage des bassins du Congo et du Zambèze, vers 13° lat. S. ; le méridien de 24° et une ligne légèrement ondulée jusqu'au parallèle de 6° lat. S. ; le parallèle de

---

(1) En 1887, par suite d'un nouvel accord avec la France, la limite du 17ᵉ dégré de longitude a été supprimée et reportée plus à l'est au cours de l'*Ubangi*. C'est un nouvel accroissement du territoire français. Par contre, la limite du 4ᵉ parallèle N., a été aussi reportée plus au nord jusqu'au cours de l'Ubangi entre les 19ᵉ et 22ᵉ degrés de longitude, mais elle reste vraie des 22ᵉ et 30ᵉ degrés.

6° lat. S. jusqu'à la rencontre du Koango ; une petite partie du Koango ; le parallèle de Noki (5°50' lat. S.) ; le méridien qui passe par l'embouchure de la petite rivière Ango-Ango, entre la factorerie hollandaise et la factorerie portugaise ; de là le cours du Congo jusqu'à la mer ; (laissant au sud le Congo portugais et l'Etat indigène du Muata-Yamvo, qui semble être réservé à l'influence du Portugal).

**Superficie et population de l'Etat libre.** — Le nouvel Etat est ainsi renfermé dans le centre du continent. Mais l'accès à l'intérieur est ménagé par une bande de territoire large de 25 lieues en moyenne qui, du littoral, court sur la rive droite du Congo jusqu'à Vivi et comprend de là les deux rives du fleuve jusqu'à Manyanga.

Ainsi délimitée, la superficie de l'Etat libre du Congo est d'environ 2,000,000 de kilomètres carrés, ce qui représente 66 fois l'étendue de la Belgique, 4 fois celle de la France, le tiers de la superficie de la Russie et le cinquième de celle de l'Europe. Les dimensions sont en moyenne de 18 degrés environ, soit 350 lieues ou 1,700 kilomètres du N. au S. et autant de l'E. à l'O.

Si c'est considérable comme étendue, le chiffre de la population y répond-il ? Y a-t-il là 20, 30, 40 millions d'habitants, même plus, comme on l'a supputé d'après les régions traversées par Stanley ? Il serait hasardeux de se prononcer, et mieux vaut admettre moins que plus, soit 20,000,000 d'individus, ce qui est déjà un chiffre respectable, atteint en Europe par six pays seulement.

**Monarchie absolue.** — De ce que le roi Léopold a « *pris* », comme il le dit lui-même, « le titre de Souverain de l'État indépendant du Congo », il ressort qu'il ne l'a reçu de personne et que, monarque absolu, du moins en Afrique, il est le seul arbitre, humainement parlant, des destinées de ses nouveaux sujets. Mais qu'on se rassure ; ce n'est point pour en mésuser ou en abuser qu'il s'est attribué un pouvoir aussi étendu. Ne sait-on pas que, dans la conférence africaine de Berlin, les représentants officiels des puissances qui s'y trouvaient réunies ont rendu hommage aux intentions bienveillantes et humanitaires du fondateur de l'Association internationale, et que nul ne les met en doute ?

« C'était faire preuve de sagesse que de ne pas doter les nègres de l'Afrique équatoriale d'un gouvernement représentatif, pour lequel ils sont loin d'être mûrs. D'ailleurs, tout façonnés déjà à la soumission envers les chefs de tribus, véritables autocrates à petit pied, il ne viendra de longtemps à la pensée d'aucun d'eux de réclamer des droits civiques, qu'on ne leur retire pas et qu'il leur paraît tout naturel de ne pas exercer. »

(MOYNIER, *jurisconsulte de Genève*).

**Administration de l'Etat indépendant.** — L'organisation du nouvel Etat est celle d'une monarchie constitutionnelle, sans être représentative. Le souverain gouverne à l'aide de trois ministres qui portent le titre d'*administrateurs généraux :* celui *de l'intérieur ;* celui *des finances ;* celui *des affaires étrangères* et *de la justice.*

Un *conseil supérieur* de consultation est composé d'avocats, de professeurs, de notabilités juridiques de Belgique et même de l'étranger.

Ce *gouvernement central* siège à Bruxelles ; il communique avec un *gouverneur-général*, dont la résidence en Afrique est actuellement à Boma. Celui-ci, avec le concours des chefs de stations ou de districts et de juges résidant au Congo, constitue le *gouvernement local.*

Le premier gouverneur-général nommé fut le célèbre Gordon-Pacha, qui avait accepté, mais qu'une mission spéciale pour l'Angleterre envoya mourir en héros à Kartoum, en combattant l'insurrection du Mahdi. Il

Soldats haoussas et nègres, au début de leur organisation.

succédait de fait à H. Stanley, dont les fatigues réclamaient un repos bien mérité. Le colonel anglais sir de Winton fut nommé en remplacement et eut pour successeur M. Camille Janssen, belge, docteur en droit.

Un décret récent institue un *vice-gouverneur-général*, et un *comité consultatif* composé de Juges et de Directeurs.

Un *Bulletin officiel de l'Etat indépendant du Congo*, paraissant à Bruxelles depuis 1885, a publié déjà un grand nombre de décrets du Roi-Souverain et d'ordonnances du gouverneur-général, organisant les services publics : régime foncier, acquisition de terres, état-civil, justice, tribunaux, répression et extradition, navigation et usage des pavillons, droits de sortie, postes et union postale, système monétaire, etc.

L'esclavage n'est pas reconnu par la loi. Toutes les mesures sont prises pour en amoindrir les effets en attendant l'abolition complète.

La traite des nègres est sévèrement défendue, et plusieurs forts ou camps retranchés sont créés dans la région orientale pour s'opposer à l'invasion des traitants Arabes.

Une force armée composée de plusieurs milliers d'indigènes et commandée par des officiers, belges pour la plupart, maintient la police générale.

**Proclamation en Afrique de la Constitution du nouvel Etat.** — C'est le 19 juillet 1885 qu'a été proclamée, à Banana, la Constitution de l'Etat indépendant du Congo, dans une cérémonie présidée par. M. l'administrateur-général, sir Francis de Winton, et à laquelle assistaient les représentants de toutes les maisons de commerce établies sur la rive droite du fleuve, ainsi que les chefs indigènes résidant entre Banana et Boma.

La veille, l'administrateur-général avait fait connaître aux commerçants blancs, ainsi qu'aux agents de l'Etat, le texte de divers décrets du Souverain.

Dans une autre lettre de même date, M. le colonel de Winton fait remarquer que l'objet de la proclamation est entièrement dans les intérêts des possesseurs actuels de terrains. Le désir du gouvernement est de protéger, de la manière la plus absolue, les droits acquis de tout Européen qui s'est établi sur le Congo, d'examiner et de vérifier ces droits et d'en assurer la possession légale avec toutes les garanties qui entourent la possession des propriétés privées dans un Etat civilisé.

Dès ce moment, il y eut un archiviste du bureau du cadastre, et une autre ordonnance prescrit qu'à l'avenir, tout contrat ou convention passée avec les indigènes se fera par l'intervention de l'officier public commis à cet effet. Nul n'a droit d'occuper, sans titres, des terres vacantes ni de déposséder les indigènes des terres qu'ils occupent. Les terres vacantes doivent être considérées comme appartenant au domaine.

Ces diverses ordonnances avaient pour but d'assurer la reconnaissance des droits acquis et de permettre dans un avenir prochain, l'organisation régulière de la propriété foncière de l'Etat, auquel appartiendront toutes les terres vaines et vagues sans possesseurs. Au contraire, les terres occupées par les indigènes continueront à être régies par la *coutume indigène*, et le gouvernement n'en permettra l'aliénation que pour autant que celle-ci ne puisse compromettre la liberté ou les moyens de subsistance des nègres.

**Nouvelles explorations** (1884-1889). — Le nouvel Etat du Congo, constitué, organisé, devait affirmer sa vitalité en continuant l'œuvre de régénération tentée en Afrique. Il fallait nécessairement explorer les régions inconnues en s'écartant des rives du grand fleuve ; il fallait frayer les voies au commerce en recherchant les besoins des indigènes, à la colonisation européenne en s'assurant si le climat n'y mettait pas un obstacle insurmontable, à l'évangélisation en établissant des missions catholiques, etc. C'est ce qui se fit ou continua à se faire, grâce à une succession d'explorateurs aux gages du nouvel Etat libre, et aussi à des missionnaires anglicans et catholiques, voués à l'évangélisation des noirs.

C'est ainsi que dans les années 1884 à 1887, le *Kassaï* fut descendu par M. Wissmann et ses compagnons ; le *Sankourou* et le *Lomami*, explorés par le docteur Wolff ; l'*Ikata*, par MM. Kund et Tappenbeck, et l'*Ubangi*, d'abord par MM. Grenfell et Von François, puis par le lieutenant belge Van Gèle, qui parvint au point le plus éloigné.

Quatre heureuses *traversées du continent* Africain furent en outre opérées par le lieutenant Gleerup, par le docteur Lenz, par Wissmann (2e traversée), enfin par Stanley.

Celui-ci, dans son dernier voyage, a remonté le cours de l'*Arouwimi*, reconnu le lac *Albert-Edward* et sa jonction par le Semliki avec le lac Albert, ainsi que les montagnes neigeuses du *Ruwenzori*, qui sont sans doute les *Montagnes de la Lune* des Anciens.

Nous nous dispenserons de décrire séparément chacune de ces explorations, mais nous en indiquerons au chap. VII les résultats, en signalant les agents qui ont découvert les cours d'eau ou fondé les stations de l'Etat.

# CHAPITRE V.

## GÉOGRAPHIE DU CONGO INDÉPENDANT.

### § I. LE TERRITOIRE.

**Bornes**. — L'État du Congo est borné conventionnellement :

Au nord par le cours de l'Ubangi et par le 4ᵉ degré de latitude N.

A l'est par le 30ᵉ degré de longitude E. du méridien de Greenwich (27° 40' de Paris), et par les lacs Tanganika, Moéro et Bangwélo (rives occidentales) ;

Au sud par la ligne de partage du bassin, de façon à englober le Loualaba ou Congo supérieur, et par le 6ᵉ degré de latitude S. jusqu'au Koango, excluant ainsi le sud du bassin du Kassaï ;

A l'ouest par le Congo portugais, l'Atlantique, le Congo français, et par le cours inférieur de l'Ubangi, remplaçant le 17ᵉ degré de longitude E. de Gr., désigné primitivement.

Il a fallu céder au Portugal la rive gauche du fleuve, depuis son embouchure jusqu'à Noki (station donnée à l'Allemagne), et à la France, le bassin du Kouilou et la rive droite du Congo et de l'Ubangi, depuis Manyanga jusqu'au delà du 4ᵉ degré de latitude nord.

Ainsi confiné, l'État libre aboutit cependant à la mer par une bande de territoire au nord de l'embouchure du Congo jusqu'à Manyanga ; il possède le fleuve par ses deux rives entre Manyanga et Léopoldville, ainsi qu'en amont du confluent de l'Ubangi.

**La superficie** de l'État du Congo est évaluée à près de 2,000,000 de kilomètres carrés, soit environ 4 fois celle de la France, ou 66 fois celle de la Belgique.

**Sa population** est supposée de 20 à 25 millions d'habitants. Ce sont des *nègres* plus ou moins sauvages, nomades ou sédentaires, ceux-ci habitant de grands villages formés de huttes sur le bord des eaux, régis par une foule de chefs ou roitelets, avec lesquels on a eu soin de négocier des traités de paix. Fétichistes ou idolâtres, de mœurs simples, fainéants, cruels, parfois anthropophages, longtemps traqués par les tyrans qui les réduisaient en esclavage ou les vendaient aux traitants Arabes, ces pauvres nègres démoralisés sont cependant susceptibles de progrès ; il s'agit d'abord de les protéger, de les maintenir en paix, puis de les civiliser par le commerce, le travail et l'évangélisation. Des missionnaires catholiques et protestants sont déjà à l'œuvre.

**Orographie.** — L'orographie du Congo est encore peu connue, car jusqu'ici les explorateurs ont suivi de préférence la voie plus commode des rivières.

Le relief général est celui d'un *vaste plateau* ou d'une plaine haute, dont l'altitude moyenne paraît être de 1000 mètres au sud et vers les grands lacs, de 300 à 500 mètres sur le Congo moyen.

Des montagnes de plus de 5000 mètres, neigeuses et volcaniques, sont signalées par Stanley aux alentours des lacs Albert et Edward : ce sont les *montagnes Bleues*, peut-être aussi les *Montagnes de la Lune* des géographes anciens.

D'autres se trouvent au pays de Cazembé (*Monts Lokinga*), dans le Kasongo et le Maniéma, ainsi qu'aux abords du lac Tanganika. Des chaînes de montagnes médiocres enserrent le grand fleuve aux chutes de Stanley, comme aux grandes chutes Livingstone situées entre Léopoldville et Vivi (*Monts de Cristal*, 700 à 1000 mètres).

De Vivi à la mer le territoire forme une plaine ondulée, variée de collines, d'une nature moins riche que celle des plaines du haut Congo. Les plateaux de l'intérieur ont aussi un climat plus salubre que celui des régions inférieures du fleuve.

On conçoit que la *ligne de partage des eaux* soit encore incomplètement déterminée, entre le bassin hydrographique du Congo, situé au centre, et ceux du Niger et du lac Tchad au nord, du Nil à l'est, du Zambèze au sud, du Coanza et de l'Ogowé, à l'ouest. Elle paraît généralement formée de plateaux ou de montagnes médiocres, plutôt que de hautes chaînes qui seraient difficilement franchissables.

### § II HYDROGRAPHIE.

Sauf le district du lac Edward, tributaire du Nil au nord-est, tout le territoire de l'Etat libre est contenu dans un seul bassin fluvial, mais d'un fleuve géant, le *Congo*, auquel Stanley aurait voulu appliquer le nom de « Livingstone. »

Le **fleuve Congo** est un des plus grands du monde, tant par sa longueur qui doit dépasser 4500 kilomètres que par l'étendue de son bassin et le volume de ses eaux. Son cours supérieur, découvert par Livingstone qui parvint à Nyangwé en 1869, n'est pas complètement connu ; mais il paraît formé de deux branches : le Loualaba et le Louapoula. Cette dernière branche sort du lac Bangwélo, traverse le lac *Moéro*, et reçoit par la *Loukouga* le trop-plein du lac Tanganika. Des environs de Nyangwé jusqu'à la mer, il a été parcouru pour la première fois en canot par Henri Stanley dans une exploration mémorable. Sous l'Équateur, il présente une première série de sept cataractes ou chutes dites *Stanley-Falls*. De là, il tourne au N.-O. en formant une courbe immense qui le ramène de nouveau sous la ligne équatoriale, et il continue vers le S.-O. jusqu'au *Stanley-Pool*, sorte de lac formé par un élargissement du fleuve.

Dans cette partie moyenne de son cours, entre les deux séries de cataractes, sur une longueur de plus de 1700 km., le Congo traverse une immense plaine horizontale, où son lit s'élargit jusqu'à atteindre de 10 à 30 kilomètres d'une rive à l'autre ; il renferme alors d'innombrables îles boisées, souvent habitées. Il y reçoit du N. et du S. d'énormes affluents dont les embouchures sont larges de plusieurs kilomètres.

Entre le Stanley-Pool et Vivi, il franchit une seconde série de 32 cataractes dites de *Livingstone*, échelonnées sur une longueur de 300 km., avec une pente totale de 280 m.

En aval de Vivi jusqu'à la mer, sur une longueur de 180 kilomètres, le fleuve s'élargit de nouveau, se remplit d'îles nombreuses et se jette dans le golfe de Guinée par une seule embouchure, large de 11 kilomètres entre la *pointe de Banana*, au nord, et la *pointe du Requin* (Shark Point), sur la rive portugaise au sud.

Sauf dans les cataractes, le Congo est partout navigable. Les bâtiments de mer le remontent jusqu'à Boma et Matadi, et des vapeurs font le service entre les chutes inférieures et sur le haut Congo, jusqu'aux chutes de Stanley.

Voici maintenant quelques détails sur les principaux affluents du Congo et les lacs de son bassin, avec indication des explorateurs qui nous les ont fait connaître.

**Le Haut Fleuve**. — Le lac *Bangwélo*, découvert par Livingstone en 1866 et sur les bords duquel il mourut en 1873, est situé sur le plateau du S.-E., à

Vue de Banana, port à l'entrée du Congo.

1,300 mètres d'altitude; il reçoit par l'est une rivière du nom de *Tchambési*, qui paraît être le cours supérieur du Congo, et qui se continue à la sortie du lac sous le nom de Louapoula.

Le *Louapoula*, qui coule du sud au nord dans le royaume de Cazembé, paraît former ou traverser le lac *Moéro* à 850 mètres d'altitude, puis le lac *Landji*, où se jettent également le Loualaba et la Loukouga.

Le *Loualaba*, venant du sud-ouest, traverse un chapelet de lacs signalés particulièrement par Livingstone, puis par Cameron (1875), mais dont les positions et les formes sont encore incertaines, comme l'est du reste toute l'hydrographie de cette région méridionale. Ce n'est qu'en amont de Nyangwé, par 3 degrés et demi de latitude sud, que le Loualaba, sorti du lac Landji, devient évidemment le fleuve Congo.

**Affluents de droite.** — Le Congo reçoit par sa rive droite la Loukouga, la Louama, la Lowa, la rivière Léopold, l'Arouhimi, la Loïka, la Mongala, l'Ubangi, et sur le territoire français, la Bounga, la Licuala, l'Alima et le Léfini.

La *Loukouga*, signalée en 1875 par Cameron, paraît servir de déversoir au lac Tanganika, qui s'écoulerait dans le Congo par le lac Landji.

Le lac **Tanganika** est remarquable par sa longueur de plus de 600 kilomètres, et par sa forme allongée sensiblement du N. au S. ; il est situé à 800 mètres d'altitude dans une dépression entourée de montagnes. Découvert en 1858 par Burton et Speke, exploré ensuite par Cameron, Stanley et autres, ce lac appartient par sa rive occidentale à l'État du Congo, avec la station de M'pala, tandis que sa rive orientale, ainsi que la ville d'Oudjidji et l'ancienne station belge de Karéma sont aujourd'hui dévolus à l'empire allemand.

Après la Loukouga vient la *Louama*, puis au nord de Nyangwé, un grand nombre d'affluents dont les embouchures seules sont signalées, notamment la *Rivière Léopold*, en amont des Stanley-Falls.

Au nord de l'équateur, l'*Arouwimi* (Arouhouimi (1) ou Byéré), au confluent duquel Stanley a soutenu un grand combat contre les cannibales en 1877, et qu'il remonta en 1883 jusqu'aux chutes de Yambouga, a été choisi par lui (1887) comme voie d'accès vers le Haut-Nil dans son expédition au secours d'Emin-Pacha.

Il en a signalé les sources dans les montagnes Bleues, à l'O. du lac Albert.

L'*Itimbiri* ou *Loïka* vient du nord ; elle a été remontée par Hanssens en 1884 et par Grenfell en 1885, sur une longueur navigable de 250 kilomètres, jusqu'aux chutes de Loubi.

La *Mongala*, qui a été remontée par Grenfell, et en 1886 par le lieutenant belge Coquilhat, est relativement peu importante.

L'*Ubangi*, signalé à Stanley sous le nom de « Grande Rivière, » est en effet un affluent d'importance considérable, dont l'embouchure a 10 kilomètres de largeur. Hanssens et Van Gèle, explorateurs belges, la remontèrent les premiers en 1884 ; plus tard, Grenfell et le capitaine Coquilhat furent arrêtés par les chutes de Zongo un peu au nord du 4ᵉ degré de latitude septentrionale ; mais le capitaine Van Gèle parvint en 1888 jusqu'au confluent du *Mbomo*. Elle reçoit en outre à droite le *Lobai* et l'*Ibanga*, sur le territoire devenu français, et à gauche le *Nghirri*, dans l'étroite et

---

(1) Il ne faut pas s'étonner des *variations orthographiques* que l'on remarque dans les noms propres. Chaque explorateur, chaque auteur peut avoir sa manière de transcrire un nom, avant que l'usage n'ait consacré une forme quelconque. En Europe même on n'est pas toujours d'accord sur l'orthographe géographique ; à plus forte raison pour les pays sauvages, où il n'y a pas de langage écrit. — Notons que généralement l'*u* se prononce *ou*: Lukuga, Loukouga : Ubangi, Oubangi (Oubangui). — Le *c* et le *g* sont toujours durs. — Souvent le *k* remplace le *c* et le *q*: Kuilu, Kouilou, Quillou. — Le *w* anglais tient lieu de *ou*: Mwata, Mouata. — Le *b* se change souvent en *v*: Yambo, Yamvo. — L'*n* sonne comme deux *n*. Nyangwé, Nyanngoué.

basse presqu'île resserrée entre l'Ubangi et le Congo.

Les probabilités font aujourd'hui de l'Ubangi le cours inférieur de l'*Ouellé*. Celle-ci, découverte par Schweinfurth en 1870, prend sa source dans les Montagnes Bleues, à l'ouest du lac Albert et du haut Nil, par plus de 1,000 mètres d'altitude ; elle traverse le pays des Mombouttou et des Nyam Nyam, reçoit de nombreux affluents explorés par Junker (1883-86) ; puis, sous le nom de *Macoua*, elle coupe le parallèle de 4° de latitude nord, et reçoit le *Mbomo*, tributaire important venant du N.-E.

**Affluents de gauche.** — Tandis que, par l'effet de la courbure du fleuve, les affluents de droite viennent de tous les points cardinaux et rayonnent comme les branches d'un éventail, ceux de la rive gauche sont rassemblés en faisceau et coulent généralement en convergeant du sud-est vers le nord-ouest.

Outre le Loualaba, dont nous avons parlé, et ses nombreux affluents, le Congo reçoit ainsi par sa rive gauche le Lomami, le Loulongo, l'Ikélemba, le Rouki ou Tchouapa, l'Irebou et le Kassaï.

Le *Lomami*, exploré en 1888 par Delcommune jusqu'à la latitude de Nyangwé, coule du sud au nord, parallèlement au Congo, et se termine en aval des Stanley-Falls.

Le *Loulongo*, remonté par Grenfell en 1885, et son affluent le *Lopori*, exploré par Van Gèle en 1887, coulent de l'E. à l'O, et drainent le territoire jusque sur la rive du Congo, ce qui explique l'absence d'affluents directs depuis le confluent du Lomami.

Le *Rouki*, appelé *Tchouapa* dans son cours supérieur, fut exploré par Grenfell et von François, en 1885, et par Van Gèle l'année suivante ; il longe presque l'équateur, reçoit à gauche la *Boussera*, et finit à Equateurville, presque au même point qu'un autre affluent du nom d'*Ikélemba*.

L'*Irebou* sert de déversoir au lac *Matumba*, exploré par Stanley, et se jette dans le Congo en face de l'Ubangi.

Le *Kassaï* est le plus puissant affluent du sud, comme l'Ubangi l'est du nord ; son bassin embrasse le quart de celui du Congo. Reconnu par Livingstone en 1860 et par Cameron en 1875 vers sa source dans le pays du Mouata-Yambo, il fut remonté en 1882 par Stanley dans son cours inférieur désigné sous le nom de *Kwa* ; son cours central ne fut exploré qu'en 1885, par Wissmann qui descendit de Loulouabourg sur la *Louloua*, à Kwamouth au confluent du Congo. Il reçoit à droite le *Sankourou*, lequel, grossi du Lomami, l'un et l'autre découverts par Wolf, paraît venir du sud et former sous le nom de *Loubilasch* la frontière de l'État libre au S.-O.

Le Kassaï-Sankourou-Lomami constitue une précieuse voie navigable directe de Léopoldville par Kwamouth vers Nyangwé et le lac Tanganika.

Le *Kwa* ou Kassaï inférieur se grossit encore du *Mfini* par lequel Stanley pénétra en 1882 dans le grand lac Léopold II, et dont le cours supérieur, l'*Ikata*, fut exploré en 1886 par Kund et Tappenbeck.

Le *Koango*, déjà connu de Livingstone, exploré par von Mechow et Massari, est une grande rivière qui, après avoir formé la frontière portugaise de l'Angola, se dirige vers le bas Kassaï.

En aval de Kwamouth, le Congo ne reçoit plus que des tributaires peu étendus, d'un caractère torrentueux, notamment l'*Inkissi*, le *Kouilou*, le *Mposo* qui débouchent dans la région des cataractes.

**Lacs.** — En résumé, le bassin du Congo belge comprend les lacs *Bangwélo*, *Moéro*, une dizaine de lacs du *Loualaba*, le grand lac *Tanganika*, et, dans la partie occidentale le *Matumba*, le *Léopold II*, enfin le *Stanley-Pool*, sans parler des nombreux renflements du Congo qui ont souvent la largeur et les caractères de véritables lacs.

En outre, le lac *Mouta-Nzigué*, reconnu pour la seconde fois en 1889 par Stanley qui lui a décerné le nom du prince de Galles Albert-Edward, est situé à 1000 m. d'altitude ; il écoule ses eaux par le Semliki dans le lac Albert, tributaire du Nil.

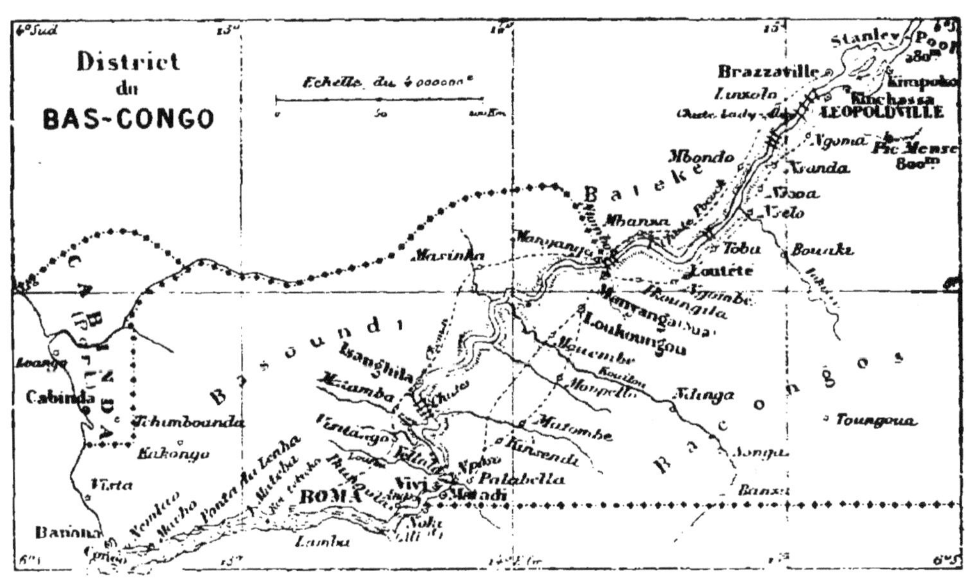


Si, à cette énumération déjà longue, on ajoute les lacs *Victoria* et *Albert* du bassin du Nil, et le lac *Nyassa* du bassin du Zambèze, on voit que l'Afrique centrale, réputée si longtemps un désert aride, est au contraire riche en lacs et eaux courantes, ce qui s'explique par une grande abondance de pluies ; celles-ci, jointes à une chaleur tropicale, provoquent une exubérance de végétation et de vie animale qui ne le cède en rien à celle des Indes ou de l'Amérique du sud.

Le **climat,** résultant de cet ensemble de circonstances, est naturellement chaud, humide, fiévreux ; très bien supporté par une nombreuse population de nègres, il est insalubre pour la race blanche européenne, sans qu'il faille toutefois en exagérer les conséquences, car, moyennant des précautions de sobriété et d'hygiène, il n'est pas plus redoutable que le climat des contrées tropicales où notre race s'est néanmoins répandue. Il est à remarquer en outre que les parties les moins saines sont celles des chutes, qu'il faut traverser pour parvenir sur le plateau central : raison de plus de hâter l'exécution du chemin de fer qui rapprochera Léopoldville de la côte.

## § III. DIVISIONS ET STATIONS.

Le territoire du Congo belge est actuellement (1890) divisé en 12 districts, savoir :

Sur le bas fleuve, les trois districts de *Banana,* de *Boma* et de *Matadi,* désignés par leurs chefs-lieux ; le district des *Cataractes,* chef-lieu Lukungu, et celui du *Stanley-Pool,* ou de Léopoldville.

Sur le cours moyen et supérieur, les districts beaucoup plus étendus, mais moins explorés, de l'*Equateur,* de l'*Ubangi,* de l'*Arouwimi,* des *Stanley-Falls* et du *Loualaba.*

Dans le bassin du Kassaï, le district de *Loulouabourg.*

Enfin, le district de Nsobé, sur la rive gauche du *Tchiloango,* petit fleuve côtier.

**Stations**. — Les principales stations administratives, commerciales, hospitalières ou de propagande religieuse, établies par les Européens, sont :

1° Sur le bas Congo : Banana, Nemlao, Ponta da Lenha, Boma et Matadi, accessibles pour les bâtiments de mer ;

2º Dans la région des Chutes : Vivi, Isanghila, Manyanga, Lukungu, Lutété ;

3º Sur le haut Congo : Léopoldville, Kinchassa, Kimpoko (rives du Stanley-Pool), Kwamouth, Bolobo, Lukoléla, Equateurville, Bangala, Oupoto, Arouwimi et Stanley-Falls ; en outre, Nyangwé et Kassongo, bourgades arabes.

4º En dehors du fleuve, Loulouabourg et Louébo dans le bassin du Kassaï ; Mpala et Karéma, sur le Tanganika.

En général, les stations du Haut-Congo sont des points choisis à côté de villages nègres dans une position accessible aux vapeurs qui parcourent les fleuves, et avantageuse comme lieu d'échanges commerciaux. Des baraquements servent d'habitation pour les blancs et leur suite, et de magasins pour les marchandises ; ils sont entourés de palissades comme les « bomas » ou villages fortifiés des indigènes, et parfois défendus par un *blockaus* ou fortin. Des soldats nègres sont à la disposition d'un chef choisi ordinairement parmi les officiers de l'armée belge.

Il convient d'ajouter aussi que dans chaque station sont établis des commerçants ou des missionnaires catholiques et protestants.

Les stations du Bas-Congo ont naturellement plus d'importance que celles du haut fleuve, et les factoreries ou établissements de commerce s'y multiplient régulièrement. A Léopoldville, les constructions se font déjà en briques. Boma à d'importantes constructions en tôle de fer, qui sont à double paroi pour faciliter l'aération. Matadi, Boma et Banana ont de bonnes installations maritimes.

Voici quelques renseignements sommaires sur ces localités.

**Banana** se trouve sur une langue de terre basse et limoneuse, longue de trois kilomètres et située à l'embouchure du Congo, rive droite. Son port maritime, vaste et commode, est en arrière de cette pointe et s'avance du sud au nord à 3000 mètres dans les terres. Banana est le siège des administrations des postes ; il a un tribunal de 1ʳᵉ instance et cinq factoreries dont deux hollandaises, les autres, anglaise, française et portugaise. La population de Banana, comme celle de Boma et de Léopoldville, dépasse un millier d'habitants, nègres compris.

*Nemlao*, un peu en amont, est le siège d'une mission des Pères du Saint-Esprit.

*Ponta da Lenha* (Pointe des Bois), dans une île à 50 kilomètres de Banana, est un groupe de factoreries hollandaises et anglaises. Plus haut, l'île *Mateba* possède l'importante factorerie belge et les fermes de M. de Roubaix d'Anvers. Le fleuve s'y resserre jusqu'à 1500 mètres en face de Fétiche Roc, mais il s'élargit de nouveau majestueusement en face de Boma.

**Boma**, à 100 kilomètres de Banana, est à la fois la capitale de l'État libre et l'Anvers du Congo, le port intérieur où arrivent les steamers européens et où viennent aboutir les produits indigènes. *Boma-rive* compte une dizaine de factoreries européennes avec la mission des Pères du Saint Esprit. A *Boma-plateau*, sur un monticule distant d'un kilomètre mais relié par un petit chemin de fer, sont installés le *sanitarium* du docteur Allard, qui avait figuré à l'exposition d'Anvers, et une église catholique construite toute en fer. C'est la résidence du gouverneur-général et le siège d'un tribunal d'appel.

*Ikungula* et *Ango*, factoreries portugaises ; *Vivi*, sur la rive droite, *Noki* (station allemande) et *Matadi*, sur la rive gauche, se trouvent en aval des Chutes et sont encore accessibles aux steamers, bien que les rives du fleuve soient déjà escarpées.

Stanley, avec le concours des officiers belges Nève, Harou et Braconnier, fonda la station de Vivi, en janvier 1880, et, dans la région des Chutes, celle d'*Isanghila* en février 1881, celle de *Manyanga-Nord* (rive droite) en août, et celle de *Léopoldville* en décembre de la même année. Depuis, une station de *Manyanga-Sud* a été créée pour se rapprocher de la route de Léopoldville.

Malheureusement, la navigation est interrompue ou rendue très difficile par les cataractes et les rapides entre Vivi et Isanghila (sur une longueur de 80 kilomètres) ; elle peut reprendre péniblement entre Isanghila et Manyanga (longueur, 120

kilomètres), mais elle cesse de nouveau de Manyanga à Léopoldville (120 kilomètres).

Cette circonstance et celle de la cession de la rive droite du
fleuve à la France entre ces deux dernières stations, ont rendu
nécessaire un *chemin de fer* que l'on établit à travers les plateaux
de la rive gauche, restée belge.

**Matadi,** située sur cette rive gauche en face de Vivi et à 180 kilomètres de Banana, est destinée à servir de tête de ligne au chemin
de fer. En attendant, les transports se font à dos d'hommes pour
le plateau de la rive méridionale, en passant par Loukoungou et
Loutété.

*Loukoungou,* non loin de Manyanga-Sud, est un point de ravi-
taillement et de recrutement de porteurs, dans une région fertile,
salubre et populeuse. *Loutété* domine un coude à angle droit que
fait le Congo ; de là, la route des porteurs longe le fleuve jusqu'à
Léopoldville en passant par des villages nègres.

**Léopoldville,** à 500 kilomètres de Banana, est à la] fois le
« terminus » du chemin de fer à construire et le point de départ
de la navigation dans les eaux du grand plateau central africain.
Cette station est située sur une terrasse dominant de 20 mètres
une petite baie au débouché occidental du Stanley-Pool, qui est
à 280 mètres d'altitude.

Le *Stanley-Pool* ou « étang de Stanley » est un élargissement
du fleuve de forme arrondie ; sa surface égale la moitié d'une
province belge ; il renferme des iles, îlots et bancs de sable
nombreux, couverts de grandes herbes, de papyrus, d'arbustes et
de palmiers ; sa faune se compose d'hippopotames, de crocodiles
et d'oiseaux aquatiques.

Sur les rives du Stanley-Pool se trouvent aussi *Kinchassa,* près
de Léopoldville, dans une position avantageuse et sur une hauteur très salubre ; puis *Loubikou* et *Kindolo ;* à l'est, *Kimpoko,*
station de missionnaires américains protestants ; sur la rive
droite, **Brazzaville,** devenu chef-lieu du Congo français, fondé
en 1880 par M. de Brazza, puis *St Joseph de Linzolo,* avec une
mission des Pères du Saint-Esprit.

Sur le Haut-Congo, rive gauche, il faut signaler :

*Msouata,* station de mission anglaise ;

*Kwamouth,* au confluent et sur la rive droite du Kwa, station
de missionnaires belges (Berghe Ste Marie).

*Bolobo* et *Loukoléla,* organisées comme les précédentes, en 1882,
par Stanley et Hanssens ;

*Equateurville*, sous la ligne équinoxiale et au confluent du Rouki, organisée par Stanley et van Gèle en 1883, et confiée depuis aux missionnaires catholiques.

Sur la rive droite, désormais belge, se trouvent :

*Mpoua*, au confluent de l'Oubangi ;

*La station d'Equateurville sur le Congo central.*

*Bangala* et *Oupoto*, créées en 1883 par Stanley et Coquilhat.

*L'Arouwimi* possède depuis 1889 un camp retranché, pour la répression de la traite des nèges. En remontant cette rivière en

1883, Stanley dut s'arrêter aux chutes de *Yambouya*, où en 1887, il établit son camp avant de partir pour le Haut-Nil.

**Stanley-Falls**, station créée par Stanley en 1884, dans une île en aval des Chutes qui portent son nom, fut détruite par les Arabes en 1887, mais rétablie bientôt après par Tippo-Tip, reconnu chef de ce district lointain.

*Nyangwé*, à 4° de latitude sud, est une bourgade arabe et un grand marché d'esclaves et d'ivoire ; elle compte, paraît-il, 6000 habitants. Elle fut visitée par Livingstone, Cameron, Stanley, et sert d'objectif à tous les voyageurs qui traversent cette région centrale africaine.

*Kasongo*, presque aussi peuplée et située au S.-E. de Nyangwé, est la capitale de Tippo-Tip.

*Cazembé*, à 1000 m. d'altitude, non loin du lac Moéro, est un grand village nègre et la résidence des « cazembés » ou rois de la région.

Sur la rive occidentale du Tanganika, *M'pala* est une station fondée en 1882 par le capitaine Storms, mais administrée actuellement par les Pères Blancs de N.-D. d'Afrique.

Sur la rive orientale du lac, *Karéma*, en face de M'pala, fut aussi une station belge fondée par Storms en 1882. Plus au nord, *Ujiji (Oudjidji)* est une bourgade arabe célèbre dans l'histoire des explorations, ainsi que *Tabora* (Kazeh) qui se trouve sur la route des grands lacs à Bagamoyo et Zanzibar.

Sur le haut *Lomami*, un second camp retranché surveille la traite des nègres dans la région de Nyangwé.

Dans le bassin central du Kassaï ont été fondées par Wissmann, en 1884, *Loulouabourg*, sur la Louloua, près de la frontière du Mouata-Yambo, et l'année suivante, *Louébo*, au confluent du Louébo avec la Louloua.


## § IV. ORGANISATION COLONIALE.


**Progrès accomplis.** — L'Etat indépendant du Congo a fait dans ces dernières années des progrès très considérables, que nous allons résumer dans les points suivants.

Le *commerce* de la région, qui s'élève déjà à plus de quinze millions de francs, consiste à procurer aux noirs des cotonnades et autres objets d'habillement et de ménage, du sel, de la poudre, etc., que l'on troque contre le café, l'ivoire, le caoutchouc, la gomme, l'arachide (fruit oléagineux), la noix et l'huile de palme, les bois de teinture, etc.

Des *services réguliers* de paquebots belges, anglais, allemands, hollandais et autres relient Banana avec Anvers, Hambourg, Liverpool et les autres ports de l'Europe.

La *navigation maritime*, poussée dans le bas Congo jusque Boma, est assurée de pouvoir remonter jusqu'à Matadi.

Divers travaux, tels que sondages, pose de bouées, construction de feux, ont été entrepris pour donner plus de sécurité à la navigation du bas fleuve.

Les *nombreuses explorations* continuées depuis 1880 ont fait découvrir plus de 12000 kilomètres de voies naturellement navigables, sur les affluents du Congo : le Kassaï, l'Oubangi, etc.

La carte cadastrale du bas Congo destinée à servir de base à la propriété foncière est terminée, et la brigade topographique réunit les éléments nécessaires à l'établissement d'une carte générale du bas Congo.

La *justice*, à deux degrés, fonctionne régulièrement dans le bas Congo.

Un *service des postes* assure le transport rapide, régulier et à bon marché de la correspondance et des colis postaux.

L'*état civil* institué fonctionne pour les naissances, les mariages et les décès des non-indigènes, et il sera sans doute bientôt établi pour les indigènes des environs des stations.

Un *service médical*, dirigé par des docteurs belges, est établi à à Banana, Boma et Léopoldville.

Une *force publique* importante, composée de plusieurs milliers de soldats noirs, commandée par des officiers et sous-officiers européens, est déjà disciplinée, exercée et capable de faire respecter les décrets et règlements.

La sécurité absolue est assurée à la route des *caravanes* entre Matadi et Léopoldville, où l'on peut voyager aussi librement et avec moins de risque que sur bien des routes d'Europe.

Un service de *portage à dos d'hommes* dessert cette région des Chutes, que d'aucuns disaient inhabitée, et où en une année, on a trouvé 80,000 indigènes pour le transport de plus d'un million de kilogrammes de matériel et de marchandises.

La présence sur les eaux du haut Congo, au cœur de cette Afrique sauvage, qu'il y a trente-cinq ans l'on croyait encore inhabitable, d'une flottille de 15 *bateaux à vapeur*, dont le nombre va chaque année en augmentant, est remarquable.

L'autorisation a été obtenue d'émettre en Belgique un emprunt de 150 millions de francs dont les titres sont admis à la cote de la Bourse de Paris et dont les premières séries ont déjà été émises avec succès.

Les tribus indigènes les plus vivaces de l'intérieur descendent jusqu'au bas Congo pour venir se mettre au service des blancs, comme soldats, matelots, terrassiers, forgerons.

Les établissements commerciaux, dont, il y a dix ans, la chaîne ne dépassait pas Nokki, sont arrivés aujourd'hui à Bangala et à Louébo, au centre du continent, sous la protection de la bannière de l'Etat.

On a créé, dans les stations de l'Etat, des *troupeaux de gros bétail* pour la consommation et la reproduction. Déjà à Boma il y a un troupeau de 200 bêtes à cornes ; il y en a d'autres non moins importants, à Matadi, Loukoungou, Léopoldville et Loulouabourg.

Une entreprise agricole, fondée par un Belge, **M.** de Roubaix, dans le bas Congo sur l'île Matéba, est en pleine voie de prospérité et peut servir de modèle.

Une maison de commerce belge, *Sanford exploring expedition*, achète de l'ivoire dans le haut Congo, pour être revendu sur la place d'Anvers devenue à cette occasion, comme Londres, un marché européen pour l'ivoire.

Une nouvelle société, les *Magasins généraux*, est constituée pour établir un hôtel et un bazar à Boma.

Une autre société a pour but d'organiser les transports par bœufs, entre le bas Congo et le haut Congo, en attendant la voie ferrée.

Le fait le plus remarquable est la construction déjà commencée d'un *chemin de fer* de 400 kilomètres qui reliera les ports de Matadi et de Léopoldville, à travers la région montueuse des Cataractes, pour suppléer à l'innavigabilité de cette partie du grand fleuve.

Pour cette construction, une société s'est constituée au capital de 25,000,000 de francs, dont 10 millions ont été souscrits par l'Etat Belge lui-même, le reste par des particuliers ou des sociétés financières de divers pays.

Ajoutons, dans l'ordre humanitaire, l'établissement des *camps fortifiés* de l'Arouwimi, du Lomami et autres, destinées à la répression de la traite des Nègres faite par les Arabes mahométans venant de l'Est.

Ajoutons enfin dans cet ordre, des lois édictées pour la protection des indigènes, pour la *suppression graduelle de l'esclavage*, l'interdiction de la chasse à l'homme, la proscription de l'importation des liqueurs enivrantes, qui sont cause des querelles entre indigènes, et de celle des armes, dont les tyrans abusent vis-à-vis des populations inoffensives.

Tel est, jusqu'à présent, le magnifique résultat obtenu en si peu de temps par l'initiative généreuse du Roi des Belges, secondée au début par l'énergie de Stanley et le dévouement de 300 agents Européens, la plupart Belges et Anglais, les autres Français, Suédois, Allemands, Américains, etc.

Espérons que l'avenir réserve à l'*État indépendant du Congo* un heureux développement, au grand profit de la civilisation africaine et du commerce européen, ainsi qu'à l'honneur de la Belgique et de son Roi.

**La fête du Roi en Afrique.** — Terminons ce chapitre par un fait rétrospectif patriotique.

Une lettre de M. Destrain, secrétaire de M. le vice-gouverneur Janssen, nous a donné quelques curieux détails sur les manifestations qui ont eu lieu à Vivi, à l'occasion de la fête patronale du Roi, le 25 novembre 1885 :

» A huit heures du matin, une salve de 21 coups de canon annonce la solennité du jour, — ni plus ni moins qu'en Belgique. Tout le personnel de Vivi se trouve près de la batterie de canons de montagne Krupp, dont le tir est dirigé par les lieutenants Baert et Lienart. La petite garnison est sous les armes.

» Le signal de « feu » est donné…. Le canon tonne…. Les soldats haoussas présentent les armes, le drapeau bleu est hissé sur le mât de pavillon, le clairon sonne. Tous les fronts se découvrent et les cris de « Vive le Roi ! » retentissent longuement.

» Mais les indigènes des environs ont entendu le salut ; ils savent que l'on fête le Souverain dont Massala (revenu de l'exposition d'Anvers) leur a parlé dans son langage imagé. Bientôt, au détour du chemin, apparaît la caravane des chefs de Vivi, marchant à la file indienne et suivis de nombreux sujets. Rien de plus pittoresque que ce défilé de nègres, revêtus d'uniformes multicolores, sous le soleil éblouissant d'Afrique. La station ne tarde pas à être noire de monde. Les chefs arrivent au pavillon du vice-gouverneur.... de longues et bruyantes acclamations retentissent. Elles sont interrompues par Massala, qui, au nom des autres chefs, exprime leur reconnaissance et leurs vœux pour le Roi.

» M. Janssen répond à cette manifestation par un speech qui soulève de nombreuses acclamations ; puis ordonne une distribution de présents et de rafraîchissements, tant aux chefs qu'au personnel de la station.

» Les chants et les danses commencent. La place de Vivi présente un coup d'œil des plus animés : à la danse des indigènes succèdent celle des travailleurs Kabindas et Loangos, la danse guerrière des Crowboys et des Haoussas et la fantasia arabe des Zanzibarites. Le personnel de la station baptiste d'Underhill a entendu le canon et arrive dans ses canots pour prendre part également à la fête.

» A six heures, un banquet réunit le personnel européen de Vivi : MM. Janssen, Parminter, de Cuvelier, Destrain, baron Reichlin-Meldegg, De Kuyper, D<sup>r</sup> Smith, lieutenants Jungers, Baert et Lienart, Mikozewski. Cranshoff, Ulli, Ruen, Lieden, etc., etc. Le toast porté au Roi, par M. Janssen, est salué d'un triple hourrah.... »

Ainsi fut célébrée, pour la première fois, sur les bords du Congo, la fête patronale du Roi Léopold, souverain de l'Etat indépendant.

# CHAPITRE VI.

## MŒURS ET COUTUMES DES CONGOLAIS.

### § I. DE LA RACE NÈGRE EN GÉNÉRAL.

Bien que l'ethnographie ou l'étude des peuples Congolais, ait été traitée incidemment plus d'une fois dans les chapitres précédents, nous allons cependant y revenir pour faire connaître et apprécier davantage ces pauvres sauvages dont les mœurs et coutumes rappellent, en bien des points, ceux de nos ancêtres germains ou gaulois.

Grands enfants gâtés, la nature tropicale si riche semble avoir trop fait pour eux ; en leur accordant une existence trop facile, elle les a exposés plus que d'autres, aux pratiques vicieuses, aux misères morales et à la dégradation dont il est de notre devoir de les tirer.

Avouons que ces intéressants indigènes ne sont que des sauvages : qu'ils vivent de peu, ne s'habillent guère, logent dans des huttes ou chaumières ; que leurs besoins, en un mot, sont très restreints et leurs industries bien primitives. Toutefois le contact des Européens modifiera cet état de choses. Les échanges de produits du pays contre les cotonnades, les ustensiles, les colifichets européens amèneront les indigènes à des mœurs moins simples, et leur coquetterie tout d'abord y trouvera son compte, car ces pauvres natifs ne sont généralement que de grands enfants, quand ils ne sont pas de féroces cannibales, abrutis par les passions, ou plutôt des malheureux démoralisés par la traite de chair humaine.

Allons plus loin. Les nègres du Congo ne sont-ils pas devenus les frères d'adoption des Européens qui, en s'emparant de leurs territoires, se sont préposés pour les gouverner?

N'est-il pas convenu de considérer un gouvernement, un souverain, un maître quelconque comme le père de ses peuples ou de ses sujets.

Soyons plus généreux, je dirai même plus chrétiens. Pourquoi refuserions-nous la fraternité des Congolais ? Nous sommes blancs et ils sont noirs, objecterez-vous. Oui, mais ce n'est là qu'une question de couleur, qu'on ne doit pas discuter, dit le proverbe. Qui vous dit que les noirs ne se croient pas plus beaux que nous, « visages pâles » ! Et comment pourrions-nous les convaincre du contraire ?....

Ils sont sauvages, c'est vrai, mais ni plus ni moins que nous ne l'étions il y a deux mille ans. Et qui nous dit que dans deux mille ans, les Africains ne nous auront pas gagnés, dépassés en civilisation ?...

Ils sont païens, superstitieux, cruels, anthropophages ! Qu'étions-nous jadis, avant l'influence du christianisme ? Les Romains traitaient nos pères de Barbares ; soyons plus charitables, de peur qu'un jour les Congolais ne nous appliquent la même épithète, et tâchons de les attirer doucement à nous comme des amis malheureux, des frères cadets, des enfants prodigues qu'il faut réintégrer dans la grande famille dont nous sommes les aînés.

Rapportons ici l'opinion que se sont faite de la race noire, trois des hommes qui, avec les missionnaires catholiques, l'ont le mieux connue et le plus étudiée dans son pays même : Stanley, Speke et Livingstone.

**La barbarie nègre**. — H. Stanley nous expose en quelques lignes pourquoi et comment les pauvres Congolais sont restés sauvages jusqu'ici.

« La civilisation, constamment rebutée, reste stationnaire en présence de la barbarie, qui oppose une barrière jusqu'ici impénétrable au progrès. On feint d'oublier comment l'Angleterre, la Gaule, la Belgique, de sauvages qu'elles étaient, sont devenues policées ; et aujourd'hui que, dans le cœur de l'Afrique, des

*Femmes nègres des factoreries du bas Congo.*

millions d'hommes demeurent encore sans culture morale ou intellectuelle, on s'écrie étourdiment que les indigènes sont incapables de s'assimiler nos enseignements. Comment les Africains, enfermés dans une région apparemment inaccessible, auraient-ils pu se perfectionner ? Aucun peuple connu dans l'histoire n'est sorti seul, et sans assistance extérieure, de son état de barbarie primitive. L'Europe moderne s'est constituée avec les éléments les plus disparates, Celtes,

B                                                                    9

Huns, Goths, Vandales, Grecs, Romains, Francs, Saxons, Normands, Sarrasins, Turcs, dont les rapports constants, dont les longues rivalités même ont servi de base à l'organisation moderne de notre société. Si quelques-unes des races qui ont envahi l'Afrique septentrionale avaient pu s'épancher par-delà l'Equateur, les aborigènes de la région méridionale ne seraient nullement aujourd'hui les êtres sauvages que nous rencontrons. Mais jusqu'à la seconde moitié du XIXe siècle, on ne soupçonnait même pas la nature du pays situé de l'autre côté des rapides d'Issanghila ; on ignorait combien est faible en réalité la barrière placée entre la civilisation et la grande voie naturelle qui partage en deux zones égales la vaste région vierge de l'intérieur; on ne se doutait pas que la nature y eût formé cent autres artères navigables et faciles à utiliser pour l'exploitation des régions les plus distantes. Comme membre de la grande communauté humaine, je me réjouis de ce qu'un territoire aussi étendu, d'une aussi grande valeur économique, soit encore à la disposition des générations futures. »

**Opinion de Speke**. — On ne peut se demander sans étonnement comment la race nègre est restée immobile depuis tant de siècles, lorsque le progrès a pris une marche comparativement si rapide dans tous les pays qui environnent l'Afrique ; par là même on est conduit à cette hypothèse que si les races africaines ne sortent pas bientôt des ténèbres où elles sont plongées, leur sort inévitable est d'être remplacé par des êtres d'un ordre supérieur. Leur salut serait assuré, si on pouvait leur imposer un gouvernement pareil à celui que l'Inde a reçu de nous ; sauf cela, je ne leur vois guère aucune chance d'avenir. Pour le moment, en effet, l'Africain n'est en état, ni de se tirer d'affaire par lui-même, ni de mettre à profit l'assistance que les autres peuples pourraient lui donner. Son pays est dans une trop complète anarchie, agité de troubles trop permanents, pour que l'inquiétude où il est relativement à ses moyens de subsistance lui permette aucune autre préoccupation. Ce que ses pères ont fait, il le fait à son tour, fidèle à une tradition séculaire. Comme eux, il force sa femme à travailler, vend les enfants qu'elle lui a donnés, réduit en esclavage tous ceux sur lesquels il peut mettre la main, et hors du temps où il combat ainsi pour s'asservir les autres, il se contente de boire, de chanter, de danser pour tromper l'ennui qui le ronge, menant à peu de chose près la vie du singe, insouciante et joyeuse.

Quelques-uns, en très petit nombre, fabriquent des étoffes de coton, menuisent le bois, forgent le fer ou le cuivre, préparent le sel, etc. Mais leur règle, à tous, est de travailler aussi peu que possible, et leur usage constant de ne rien emmagasiner au delà des approvisionnements nécessaires pour la saison prochaine, de peur que leurs chefs ou leurs voisins, leur enviant cette richesse inusitée, ne se hâtent de les en dépouiller.

Je puis ajouter que l'esclavage est une des grandes causes de leur oisiveté ; il rend le travail humiliant pour les maîtres, qui le repoussent comme les assimilant à leurs esclaves. Toute la besogne intérieure retombe ainsi sur les femmes, qui brassent la bière, cuisent les aliments, broient le blé, fabriquent la poterie et les corbeilles, prennent soin de la maison et des enfants, le tout sans préjudice de l'aide qu'elles portent aux esclaves employés à la culture, et de la surveillance des troupeaux qui leur est parfois confiée.

**Réhabilitation du nègre, par Livingstone.** — Il est possible de réhabiliter l'Africain. Nous ne doutons ni de son cœur, ni de son intelligence, et nous ne désespérons pas de la tâche que nos frères d'Amérique ont entreprise à Libéria, sur la côte de Guinée.

Quant à la place que le nègre doit un jour occuper parmi les peuples, nous n'avons rien vu qui justifie l'hypothèse de son infériorité native, rien qui prouve qu'il soit d'une autre espèce que les plus civilisés.

L'Africain est un homme doué de tous les attributs qui caractérisent la race humaine ; si des siècles de barbarie l'ont dégradé, il en a été de même de bien des peuples d'autres races.

Il n'est pas du tout classé par les ethnologues au dernier degré de l'espèce humaine ; physiquement il est aussi fort que le civilisé ; et comme race, il est doué d'une vitalité surprenante. Les spiritueux et les maladies qui ont été si fatales à l'Indien de l'Amérique du Nord, aux habitants de l'Australie et des îles de la mer du Sud, paraissent incapables d'anéantir les nègres. Même ce trafic monstrueux qui les a décimés et les a arrachés de leur berceau depuis des siècles, ne les a pas empêchés de renaître et de noircir la moitié du Nouveau Monde. La nature les a doués d'une force de résistance qui leur permet de supporter les privations les plus affreuses ; elle leur a donné une gaieté qui leur fait tirer le meilleur parti possible des situations les plus cruelles.

La force de résister aux souffrances de la captivité, ou, comme diraient certaines gens, l'aptitude à l'esclavage, n'appartient du reste qu'à certaines peuplades africaines. Ce n'est pas une question de climat : impossible de faire un esclave d'un Krooman, qui habite la partie basse et malsaine de la côte occidentale ; ni d'aucun membre des tribus cafres, dont la région est toute différente et beaucoup plus élevée.

Le patriarcat est la forme du gouvernement africain ; selon le caractère du chef, ce gouvernement est despotique ou admet un conseil des anciens de la tribu. Il arrive parfois que le despote est cruel jusqu'au meurtre, jusqu'à la folie sanguinaire ; le peuple se soumet à ce bon plaisir monstrueux, tant il a de respect pour celui qui le gouverne ; mais en général l'autorité est douce. La même remarque s'applique à la religion de ces tribus.

*Mussirongo, type de nègre de l'Afrique occidentale.*

Cette paralysie des facultés inventives annoncerait-elle que chaque race est destinée à remplir certaines fonctions dans un vaste plan tracé par la Providence, et dont nous ne pouvons saisir qu'une trop faible partie pour comprendre l'ensemble ? Ne voyons-nous pas, même en Europe, de nombreux exemples de coopération dont ne se doutent point les coopérateurs ?

On trouve partout, et à chaque instant, la preuve que les membres de toute société humaine sont guidés par une force qui ne leur appartient pas, force supérieure qui les conduit à des résultats qu'ils n'avaient pas prévus, et indique un plan providentiel, dont la sagesse finira par être évidente pour tous.

Il est possible, également, que cet arrêt des facultés inventives chez les races qui nous ont précédés dans la voie des découvertes, ait été résolu pour que la plus grande somme de puissance fût du côté de la religion chrétienne, qui enseigne aux hommes à vivre en paix et à s'aimer les uns les autres. Si le pouvoir que la science met au service des nations chrétiennes eût été accordé aux peuples qui semblaient devoir l'acquérir par le cours naturel des choses, nous ne voyons pas de raison pour que les bouddhistes et les musulmans n'eussent pas tourné contre nous leurs armes perfectionnées.

**Christianisation du nègre.** — On nous a demandé tant de fois, ajoute Livingstone, si les Africains étaient capables d'embrasser le christianisme, que nous croyons devoir hasarder les observations suivantes ; elles paraîtront inutiles à ceux qui connaissent les résultats que les missionnaires ont obtenus depuis vingt-cinq ans dans l'ouest et dans le midi de l'Afrique ; mais elles répondront aux personnes qui nous ont interrogé.

Cette question paraît impliquer, chez ceux qui nous l'adressent, l'idée que la réception de l'Evangile exige une haute intelligence et un jugement exercé. Il se rencontre, il est vrai, des hommes qui, par tempérament, examinent et discutent tous les sujets, autant du moins que leurs facultés le leur permettent ; mais ceux qui, dans la vie, n'obéissent qu'à la raison pure, forment dans toutes les races une très petite minorité.

Nous citerons à cet égard les paroles de sir James Stephen : « Les apôtres, dit-il dans l'un de ses Essais historiques, affirment qu'il existe chez tous les hommes un *discernement spirituel* qui permet à l'intelligence non obscurcie par la passion ou les appétits grossiers, de reconnaître la voix divine, soit qu'elle se manifeste par le sentiment intérieur, soit qu'elle emprunte le langage des prophètes. Ils croient que cette vigueur morale peut s'allier à la faiblesse de l'entendement, et que le pouvoir de discerner la vérité de l'erreur, en matière religieuse, ne dépend pas du degré de culture des facultés intellectuelles. L'Évangile, patrimoine spécial du pauvre et de l'illettré, a servi à des millions d'hommes qui n'ont jamais construit un sillogisme. »

Si nous avons cité les paroles qu'on vient de lire, c'est parce qu'elles expriment une croyance qui est la nôtre, à savoir : que notre divine religion est à la portée du plus humble des hommes, aussi bien que des plus nobles esprits. Toutefois, l'enseignement de ses vérités sublimes doit différer suivant les diverses classes de la famille humaine, et se plier aux circonstances où l'individu est placé. Les moyens d'amélioration doivent en outre se modifier suivant la nature des individus. Il faut que le missionnaire fasse usage de tout ce que lui inspire sa charité pour stimuler le paresseux, adoucir le brutal, éclairer l'ignorant, et prêcher à tous la loi d'amour et de pardon.

Quant aux résultats qu'ont obtenus les missionnaires, nous avons pu voir par nous-même des preuves évidentes de leurs succès, tant sur la côte occidentale que dans le midi de l'Afrique, où de nombreux chrétiens indigènes, intelligents et bien vêtus, forment le plus heureux contraste avec ceux des mêmes peuplades qui sont restés païens.

**La lanterne magique de Livingstone.** — Cet illustre missionnaire protestant se servait volontiers de la lanterne magique, comme le font également les missionnaires catholiques, pour projeter soit contre un mur, soit contre une toile tendue les images ou les scènes de l'histoire sainte.

La gravure que nous avons donnée, page 19, représente un incident assez joyeux d'une séance donnée par ce prédicant chez le bon roi Chinté, au pays des Lounda, situé au nord du lac Bangouélo.

Une centaine de femmes entouraient le monarque, dont la principale épouse était placée au premier rang et portait sur la tête un curieux bonnet rouge. A chaque parole du souverain, les dames de la cour faisaient entendre une sorte de chant plaintif, tandis qu'une bande de musiciens composée de trois tambours et de quatre tympanistes jetaient au vent l'harmonie la plus douteuse. L'assistance paraissait charmée.

Livingstone avait apporté une lanterne magique : en admirer les tableaux, c'était ce que souhaitait surtout le roi Chinté. Ses désirs furent enfin satisfaits.

« Je trouvai mon chef sauvage, dit le voyageur, environné de ses dignitaires et de ses femmes ; le premier tableau représentait le sacrifice d'Abraham ; les personnages étaient aussi grands que nature, et les spectateurs ravis trouvaient que le patriarche ressemblait infiniment plus à un Dieu que toutes les images de pierre et de bois qu'on offrait à leur adoration.... Les femmes écoutaient mes explications avec une silence respectueux ; mais lorsque remuant la glace où l'image était imprimée, le couteau qu'Abraham tenait levé sur son fils vint à se mouvoir en se dirigeant de leur côté, elles supposèrent que c'étaient elles qui allaient être égorgées à la place d'Isaac, et, se mettant à crier toutes à la fois : « Ma mère ! ma mère ! » elles s'enfuirent pêle-mêle en se jetant les unes sur les autres, tombèrent sur les petites huttes qui renferment les idoles, foulèrent aux pieds les plantes de tabac, mirent en pièces tout ce qu'elles rencontraient ; il nous fut impossible de les rassembler de nouveau. Toutefois Chinté resta bravement assis au milieu de la mêlée, et ensuite examina l'instrument avec un vif intérêt. »

**Le nègre soldat**. — La vie si dure des peuples nègres les prédispose aux sacrifices exigés par l'état militaire : aussi les Européens s'en servent-ils généralement comme milice dans leurs colonies.

Le général Wolseley, l'ancien commandant en chef des forces britanniques qui a conquis la gloire sur les champs de bataille de la Guinée, du Cap et des bords du Nil, avait qualité pour analyser les aptitudes militaires de la race noire. Il n'est pas d'homme en Europe qui connaisse mieux les soldats nègres pour les avoir eus sous ses ordres et pour les avoir vaincus, et les détails ci-après émanent de sa plume autorisée.

Lorsque les croisières anglaises de l'Atlantique capturaient autrefois une de ces cargaisons d'esclaves que des aventuriers sans scrupules achetaient sur la côte de Guinée pour les revendre au Brésil ou à Cuba, le médecin-major de l'escadre choisissait avec soin les noirs les plus vigoureux. Ces sujets d'élite étaient aussitôt instruits et baptisés et recevaient le nom d'un guerrier illustre. On les appelait Wellington, Nelson, Marlborough ou Napoléon, ce qui leur était assez indifférent, car les peuplades africaines sont loin d'avoir des idées bien arrêtées sur les mérites comparés de ces grands généraux. Puis, sans leur demander leur consentement, on les enrôlait sous les drapeaux de S. M. Britannique. Ainsi se recrutaient les régiments des Indes occidentales qui tenaient garnison dans les Antilles et les possessions anglaises de la Gambie, de Sierra Leone et de Lagos.

A peine ces nègres avaient-ils endossé l'uniforme qu'ils devenaient d'admirables soldats. Le même sauvage qui eût été incapable de tracer une ligne droite, si on avait essayé de lui enseigner un métier manuel, devenait au bout de quelques semaines un troupier accompli. Lord Wolseley ne craint pas d'affirmer qu'un Basouta

ou un Zoulou apprennent l'exercice beaucoup plus vite
qu'un Européen. C'est l'histoire du chien de chasse
que l'on mène pour la première fois à la recherche du
gibier. Peu importe l'intelligence du sujet, c'est un
instinct de race qui se réveille en lui avec une puissance irrésistible. Il en est de même du nègre qui est né
d'une tribu où les hommes sont tous guerriers de génération en génération.

Mettez-lui un fusil à la main ; comme il a dans le
sang quelque chose de militaire, le maniement de
l'arme et l'école de peloton excitent dans son cœur un
entrain, une admiration, un enthousiasme que les jeunes
conscrits des nations européennes n'éprouvent pas
toujours au même degré.

A la vérité, il existe en Afrique peu de tribus où les
hommes naissent soldats, mais le nègre, fût-il issu
d'une race peu belliqueuse, n'en possède pas moins les
deux vertus que les peuples civilisés ont le plus de
peine à acquérir : nous voulons dire l'aptitude à supporter les privations et le fétichisme de la consigne.
Ce qui rend les épreuves de la guerre si cruelles pour
les jeunes recrues brusquement arrachées à la charrue
ou à l'atelier, ce n'est pas la crainte du danger, c'est
bien plutôt la fatigue des nuits passées en plein air,
les longues marches sans pain, les déceptions de l'étape
où manque la distribution de vivres. En arrivant sous
les drapeaux, le sauvage habitué à se nourrir du produit plus ou moins incertain de sa chasse, a déjà son
éducation faite. Il n'est pas accoutumé à déjeuner et à
dîner à heure fixe, et s'il est obligé de s'endormir le
soir, l'estomac vide, ce contre-temps n'altère ni sa
bonne volonté, ni la vigueur de ses muscles ; une ou
deux journées de jeûne forcé sont à ses yeux un de ces
menus incidents qu'il accepte comme une des condi-
tions normales de son existence.

## § II. Mœurs et usages des Bayanzi.

**Les Bayanzi**. — Dans l'impossibilité de rapporter en détail les mœurs caractéristiques de chacune des peuplades du bassin du Congo, nous choisissons comme

*Indigène des rives du Stanley-Pool.*

type particulier celles des Bayanzi, qui habitent les deux rives française et belge du moyen fleuve, entre le Kassaï et l'Equateur. Nous les décrirons d'après le capitaine Hanssens qui a séjourné parmi eux pendant plusieurs années, de 1881 à 1885.

Physiquement, nous dit-il, les Bayanzi ont bonne apparence. En général, la taille est au-dessus de la moyenne et chez quelques-uns elle est beaucoup plus élevée. Le corps est bien fait, les jambes sont nerveuses, quoique assez grêles ; les épaules sont larges, le buste est bien découpé ; les bras sont assez faiblement musclés. La figure, légèrement aplatie, leur donne une physionomie caractéristique ; l'angle facial est ouvert, le crâne rond, rarement pointu.

**La coiffure** est extrêmement soignée et arrangée avec beaucoup de goût. Les cheveux assez longs sont séparés en deux nattes par une raie longitudinale descendant du front au cou suivant le plan médian de la tête.

Chacune de ces deux parties est divisée à son tour en plusieurs autres nattes perpendiculaires à la première. Toutes ces parties sont tressées de manière à former des dessins variés, mais toujours originaux et dénotant un sens artistique prononcé. Deux ou trois de ces nattes sont tressées en forme de cornes qui se projettent en avant au-dessus du front et aux deux tempes. Bien souvent, cependant, les coiffures présentent un type tout différent de celui dont je viens de donner une idée. C'est ainsi que j'ai vu quelques femmes dont la tête était complètement rasée des deux côtés et n'avait conservé les cheveux que dans la zone médiane. Ces cheveux, relevés en bourrelet fixé au moyen d'huile de palme, présentent à l'œil l'apparence des cimiers qui surmontaient jadis les casques de nos pompiers.

Chez les Bayanzi, la barbe est rare et clairsemée et les chefs seuls la portent au menton ; sauf cette exception en faveur des membres des familles souveraines, tous les Bayanzi, hommes et femmes, s'épilent complètement la face, cils et sourcils compris. Est-ce par coquetterie ou par mesure de propreté ?...

Ce qui, chez les Bayanzi, est aussi caractéristique que la coiffure, ce sont les **tatouages**. Tandis que les Batéké se découpent longitudinalement les joues par des stries parallèles descendant des tempes vers la bouche, les indigènes dont je m'occupe se tatouent de préférence le front. Ils pratiquent parallèlement à la ligne des yeux une ou deux rangées d'incisions en forme de croix. Quelquefois ces incisions se continuent sur les tempes, jusqu'un peu en dessous des yeux. D'autres fois une troisième rangée, perpendiculaire aux deux premières, descend de la naissance des cheveux, suivant le plan médian de la tête et se prolonge jusqu'à l'extrémité du nez. Parfois aussi, chez les femmes surtout, le buste est orné d'une façon analogue. Plusieurs rangées d'incisions de formes variées s'étendent alors de la naissance de la gorge jusqu'au ventre et projettent latéralement des branches qui contournent la poitrine.

Le **costume** des Bayanzi est des plus élémentaires. Il se compose, chez les femmes comme chez les hommes, uniquement d'un « pagne » ou pièce d'étoffe indigène enroulée autour des reins et descendant jusqu'aux genoux. Le jour où il fait froid et le soir, les «gens à l'aise» portent en outre une autre pièce d'étoffe de même espèce qu'ils drapent autour du buste et qu'ils ont soin de déposer dès que la température s'élève.

L'étoffe indigène est parfois remplacée, chez les coquets, par une étoffe commune qu'ils achètent chez les Basombo, teinte en rouge sale et bordée d'une mince bandelette en drap rouge. Les ornements sont de deux espèces : les *bijoux* et les *peintures*.

En fait de **bijoux**, les hommes se bornent à porter aux poignets et à la cheville un simple anneau de laiton, formé par un tronçon de « mitaku », enroulé autour de la naissance du bras ou de la jambe. Quelques-uns, mais ils ne sont pas nombreux, ont autour du cou une baguette de fil de fer dont les extrémités sont réunies et fixées par des soies d'éléphants de manière à former bourrelet. Cela leur sert à la fois d'ornement et de fétiche.

Les chefs principaux, Ibaka, Mukuala, etc., portent en sautoir d'une épaule à la hanche opposée, un saucisson de drap bleu (bleu saved list), auquel ils attachent, au moyen de fibres de palmier, de petites calebasses, des gourdes minuscules et autres fétiches qui doivent les garantir de tous les maux qu'ils redoutent.

Chez les femmes, les bijoux ont plus d'importance. Les simples anneaux portés par leurs seigneurs et maîtres se transforment pour elles en larges bracelets de laiton couverts de ciselures d'un dessin primitif, mais assez artistement exécuté, et en jambières du même métal montant quelquefois jusqu'à mi-jambe et qui rappellent à distance des fragments des armures défensives de nos anciens chevaliers. Quelques-unes, les plus huppées, portent autour du cou des colliers immenses de cuivre massif, dont le poids atteint parfois jusque 20 ou 25 livres. Ces carcans, qui reposent à la naissance des épaules, semblent ne pas trop les gêner et elles se montrent très fières d'un ornement dont l'aspect seul effraierait nos belles dames d'Europe.

Quant aux **peintures**, elles sont exclusivement réservées aux hommes. Ici, la fantaisie se donne libre carrière. Tantôt des lignes multicolores, bleues, jaunes, rouges, blanches, courent le long des bras à la façon des passepoils qui ornaient jadis les « kourka » de nos lanciers, et viennent se rejoindre sur le dos en formant des arabesques de dessins variés. Tantôt la poitrine est sillonnée par des lignes analogues s'étendant sur toute la hauteur du torse et projetant

Ibaka, vieux chef ou roi des *Bayanzi de Bolobo.*

latéralement des embranchements qui rappellent les brandebourgs de nos uniformes contemporains. Quelquefois aussi des cercles concentriques de couleurs différentes s'épanouissent au creux de l'estomac ou entre les mamelles et font ressembler leur buste à des cibles pour carabines Flobert. L'ensemble de ces décorations multicolores, toujours exécutées avec infiniment de goût, ressort fort bien sur le fond bronzé de la peau et donne à tous ces corps à demi nus une physionomie *sui generis*. L'ornementation de la figure est l'objet de soins particuliers. Dans les circonstances ordinaires, ils se bornent à recouvrir les paupières de l'un ou l'autre de leurs yeux d'une couche de couleur blanche, faisant de loin l'effet d'un monocle à large garniture d'argent. Mais, dans certains cas particuliers : mort d'un chef, départ pour la guerre, premières visites aux blancs, etc., etc., la face est couverte de dessins multiples, aux couleurs les plus variées, exécutées avec autant de finesse que de sentiment artistique.

Les femmes, comme on le disait plus haut, ne recourent pas à l'emploi des peintures ; très souvent cependant elles s'enduisent le corps tout entier d'une teinte rouge uniforme obtenue par l'infusion de poudre de n'koula.

**L'armement** des Bayanzi est exclusivement offensif. Il se compose de fusils à silex, de lances, de javelots et de couteaux. Quelquefois aussi, mais rarement, on rencontre des arcs et des flèches, qui sont particulièrement employés pour la chasse.

Les fusils ou plutôt les mousquetons proviennent des *Basombo* et sont remis comme cadeaux, lors des achats d'ivoire. Les Bayanzi ornent ces armes de bandelettes de laiton qu'ils se procurent en aplatissant les « mitakos » qu'ils reçoivent en payement et de petits clous à large tête de cuivre disposés de manière à former des dessins variés. Cette ornementation alourdit considérablement le poids de l'arme, et c'est probablement à cette circonstance qu'il faut attribuer la prédilection qu'ils montrent pour les petits fusils.

Les Bayanzi, quoique très pacifiques au fond, affectent des allures de farouches guerriers, et jusqu'à présent on a rarement vu un indigène de cette tribu qui ne fût porteur, soit d'une lance ou d'un javelot, soit d'un couteau et quelquefois des deux à la fois. Les armes semblent faire partie intégrante de leurs personnes ; ils s'en munissent dans les circonstances les plus communes.

**Cérémonies funèbres.** — La mort d'un Bayanzi riche ou jouissant d'une certaine autorité donne lieu à une série de cérémonies très intéressantes à observer.

Dès que le défunt a rendu le dernier soupir, le corps est lavé complètement. La figure est ensuite couverte de peintures fantaisistes, les jambes sont repliées de manière à faire remonter les genoux le plus haut possible et fixées dans cette position par des ligatures en écorce d'arbre ou en étoffe indigène.

Le corps est alors enroulé dans les plus riches étoffes laissées par le défunt et présente après cette opération l'aspect d'un vaste manchon multicolore, aussi large que haut, surmonté d'une tête bariolée dont les yeux ternes sont largement ouverts.

Ainsi fagoté, le corps est exposé devant la hutte habitée par le défunt, et pendant huit ou dix jours, les indigènes du village et des villages voisins viennent exécuter autour du cadavre des danses funèbres, accompagnées de chants, de roulements de tambours et de coups de fusils. Ce charivari commence au lever du soleil, dure toute la journée et se prolonge parfois bien avant dans la nuit.

Le « malafou » circule à pleines jarres et les danseurs ne se retirent que lorsqu'ils sont épuisés par la fatigue ou ivres-morts.

Les mêmes scènes recommencent le lendemain et les jours suivants.

Sous le rapport des **croyances religieuses**, j'avoue que je ne suis pas encore parvenu à me procurer des renseignements assez positifs et détaillés.

Tout ce que je sais, c'est que leur religion consiste en un grossier fétichisme, qui les amène à donner des vertus surnaturelles aux objets les plus disparates.

Le papier surtout paraît avoir à leurs yeux une valeur considérable comme préservatif des maux qu'ils redoutent, et quand il m'arrive de déchirer un brouillon de lettre ou un vieux journal, je suis certain d'en retrouver les débris quelques heures après, dans la chevelure de nos voisins qui répondent gravement et d'un air convaincu, « m'kissi » (fétiche), quand je leur demande pourquoi ils sont ornés de cette manière.

Je m'empresse d'ajouter qu'avec la mobilité d'esprit qui les caractérise, un fétiche ancien perd bien vite sa valeur à leurs yeux, quand ils ont l'occasion de le renouveler, sans bourse délier, bien entendu. Le « m'kissi » d'aujourd'hui sera mis au rancart pour faire place à celui de demain ; et telle tête qui un jour est ornée d'un article de l'*Echo du Parlement*, m'apparaîtra le lendemain couverte de la chronique religieuse de l'*Univers* ou du *Journal de Bruxelles*.

Les Bayanzi croient en un ou plutôt en plusieurs Etres suprêmes ; l'un de ces derniers a spécialement un succès énorme. C'est celui qui règle à son gré les cataractes du ciel, qui les ouvre et les tient fermées, suivant ses dispositions. Les invocations ne lui sont cependant pas adressées directement ; elles lui parviennent par l'intermédiaire des fétiches qui prennent auprès de lui la défense de leurs clients.

**La casque. Administration du poison.** — Un vol est-il commis dans le village, un canot chavire-t-il sur le Congo, un homme est-il dévoré par un crocodile ou mordu par un serpent, un accident quelconque entraîne-t-il la mort d'un ou de plusieurs des habitants du village, aussitôt le féticheur est appelé à faire avaler une calebasse de liquide empoisonné à tel ou tel individu désigné soit par lui-même, soit par le chef, soit encore par la rumeur publique.

Cette opération a pour but de faire connaître le ou les auteurs qui ont causé, par leurs maléfices, l'accident que l'on déplore.

Si le malheureux parvient à expectorer « la *casque* », c'est-à-dire le poison qu'on l'a condamné à absorber, son innocence est proclamée *urbi et orbi* et de grandes fêtes sont célébrées en son honneur, sans doute à titre de réparation. Si, au contraire, l'estomac conserve la liqueur empoisonnée, le pauvre diable meurt après d'horribles souffrances et sa culpabilité, dès lors, ne fait plus de doute pour personne. Généralement, sauf le cas de flagrant délit, dans lequel le poison est administré au coupable pour l'amener à nommer ses complices, les individus désignés pour subir l'épreuve, appartiennent à la classe des riches, et il est extrêmement rare que cette épreuve ait pour eux des conséquences funestes. Ce sont là pour le féticheur de petites sources de bénéfices qui augmentent à la fois ses richesses et son influence.

(Capitaine Hanssens).

### § III. Quelques types de rois nègres.

**Les chefs de Vivi et les vieux habits européens.** Voici un curieux passage où Stanley décrit à la fois les chefs ou roitelets de Vivi et leurs costumes, tels qu'il les revit lorsque son second voyage le ramena en cet endroit, en 1879.

» A quatre heures du soir, dit-il, nous retournâmes à notre camp, sur la plage, pour conférer avec les chefs de Vivi. Entourés d'environ une quarantaine d'hommes armés, ces chefs me furent amenés par le souriant *Massala,* qui me les présenta tour à tour par ordre d'importance.

» D'abord, le doyen des seigneurs de Vivi, s'appelant *Vivi-Mavoungou,* de Banza-Vivi, fils d'un père qui portait exactement le même nom. C'est un petit homme trapu et affligé d'un pied bot. Il nous regarde de travers, d'un air de truculente bravade, qui voudrait être un air aimable et obséquieux. Il porte une livrée bleue de domestique, un bonnet phrygien en tricot multicolore et un caleçon de nuance criarde.

» Vient ensuite *Ngoufou-Mpanda,* de Banza-Sombo, vigoureux vieillard à cheveux gris, véritable Oncle Tom, vêtu d'une tunique rouge de soldat anglais, un chapeau de feutre brun, un caleçon à carreaux, un collier en poils d'éléphant enfilé de quelques reliques de fétiches, en guise de porte-bonheur. Des anneaux en fil de laiton ornent les chevilles de ce personnage. Il porte la main à son chapeau, se courbe pour me faire une révérence qui ne manque pas de grâce, et, à l'aide d'une jambe, il se gratte l'autre, comme les matelots.

» Puis on me présente *Kapila,* un chef de physionomie joviale, de taille grêle, enveloppé d'une tunique de soldat bleu foncé, les chevilles et le cou garnis comme les chevilles et le cou du précédent. Après un salut imitant également celui des marins, il se range pour faire place à Vivi-Nkou, dont les traits flétris, les yeux hilares, indiquent que la sobriété n'est pas sa maîtresse vertu. Celui-ci est vêtu d'une redingote noire et d'un chapeau de soie. En fait de caleçon, une ample jupe de laine écarlate.

» Enfin vient *Benzani-Congo,* un brave jeune homme bien découplé, portant un paletot brun foncé qui a évidemment appartenu au domestique de quelque club de Londres, un caleçon en toile de coton à pois bleus et des anneaux en fil de laiton aux chevilles, aux poignets et au cou.

» Les hommes d'armes n'avaient pas mauvaise tournure. Les profits du commerce leur avaient fourni les moyens de s'affubler d'habillements convenables, en calicot à dessins ou en calicot écru. Presque tous étaient coiffés d'une casquette de toile rayée, ayant la forme d'un prétentieux bonnet phrygien ; quelques-uns, mais le petit nombre, portaient de préférence le feutre anglais ou le chapeau de paille. Comme armes, des fusils à pierre portant la marque « Tower ».

» Si peu nombreuse que fût cette assemblée d'aborigènes de

Vivi, elle me faisait espérer un brillant avenir pour l'Afrique, en supposant que, par un miracle de bonne fortune, je pusse parvenir à décider les millions de nègres de l'intérieur à se dépouiller de leur accoutrement d'herbes sèches, pour adopter des vêtements d'occasion européens, tels qu'on en porte à White-Chapel, par exemple. Quel débouché il y aurait là pour les vieux habits ! Les anciens uniformes des héros militaires de l'Europe, les livrées des laquais de clubs et de la valetaille attachée aux Pharaons modernes, les vieilles robes d'avocats, les habits usés des Rothschild, les sévères redingotes de mes éditeurs eux-mêmes serviraient à parer des chefs du Congo, qui s'y pavaneraient avec joie, les jours où ils auraient à se mettre en grande tenue, pour faire des visites de cérémonie.

» Depuis, l'expérience a entièrement confirmé mes premières prévisions : j'ai rencontré par milliers de noirs enfants de l'Afrique qui ne croient pas déroger en utilisant les vieux habits des pâles enfants de l'Europe, mais, au contraire, se donnent beaucoup de mal pour réunir de quoi acheter ces vêtements et en devenir les légitimes et fiers propriétaires. »

*Les vieux habits :* Voilà, certes, un article d'importation dont ne se doutent guère les personnes qui ne sont pas initiées aux secrets du commerce africain. Ce que la côte occidentale d'Afrique consomme de vieux habits, de vestons passés, de redingotes usées, de fracs hors d'usage, de tuniques d'uniformes démodées, est inimaginable. Les anciens uniformes rouges ou bleus des soldats anglais ou français trouvent là un placement admirable. Les vieux habits galonnés et chamarrés sont extrêmement demandés. Il n'est pas de frac, quelque usé qu'il puisse être, qui ne trouve amateur au Congo. Seuls, nos malheureux pantalons ne sont pas appréciés là-bas.

**Le Roi-Soleil.** — N'Combé, le roi-Soleil, est un joyeux type de souverain nègre des régions nord-ouest du Congo. Un voyageur, qui le rencontra il y a quelques années, en visitant une factorerie, nous en fait le portrait suivant.

« Nous devions déjeûner à la factorerie, et j'étais tranquillement assis sur un baril de caoutchouc, écrivant quelques notes, lorsque je me sentis frapper lourdement sur l'épaule. En me retournant je me trouvai face à face avec N'Combé, le *roi-soleil* : c'était un homme d'une taille énorme et d'une figure toute joviale ; il était revêtu d'une immense robe de chambre de popeline écossaise à brandebourgs noirs, entièrement déboutonnée, afin de laisser voir sa chemise blanche sur laquelle brillaient une broche et trois gros diamants fabriqués à Hambourg, à deux pour un sou. Son pagne était d'un rouge éclatant. Autour de son cou flottait une ample cravate taillée dans un vieux rideau. Il tenait à la main une canne de tambour-major, et son chef était orné d'un chapeau dit *tuyau de poêle*, orné d'un gros galon d'or au milieu duquel étincelait un magnifique soleil en or. Cette allusion délicate au nom du roi était due à la munificence de la maison allemande, toujours à l'affût de tout ce qui pouvait flatter le maître de ces parages.

» Le possesseur de tant de merveilles se tenait debout devant moi, se rengorgeant comme un paon. Il répétait sans cesse : *Miaré* (c'est moi qui suis) *N'Combé, rey pass todos* (roi passé tous), *rey sobre todos* (roi sur tous), *king king kingman* (roi des rois).

» Jamais l'autre roi-soleil, Louis XIV, ne dut paraître aussi fier de sa personne. Tout en me déclinant son nom et ses attributs, N'Combé me serrait les deux mains en riant aux éclats, car N'Combé rit toujours, même et surtout quand il coupe le cou d'un Bakalais, ou entaille le dos de ses femmes. Il se fit ensuite lire la lettre du commandant, et après l'avoir entendue, déclara qu'il donnait, lui, toutes ses terres aux Blancs, mais qu'en revanche nous devions obliger beaucoup de blancs à venir séjourner dans son pays. Il se retira ensuite, ayant obtenu de nous la promesse que nous irions nous installer chez lui aussitôt après notre déjeûner, ce qui fut fait....

» Nous prîmes possession de notre nouvelle demeure au milieu des acclamations frénétiques du village, mis en belle humeur par des distributions répétées de rhum. Nous avions pour logement une case en bambous, spacieuse, à deux compartiments, et située à ravir au sommet d'une colline très élevée. A nos pieds se déroulait le fleuve dont la vue pouvait suivre le cours tortueux pendant plus d'une lieue, depuis le premier village bakalais jusqu'à la pointe Fétiche. D'abord le fleuve était droit et resserré, mais il s'élargissait tout à coup et formait une immense nappe d'eau de plus d'un mille de largeur : on pouvait voir, de notre case, plusieurs hippopotames prenant leurs ébats dans ses ondes limpides. Devant nous, l'horizon était borné par les montagnes qui longent le lac Zielé, tandis que derrière prenaient naissance des forêts immenses. Le roi nous voyait avec joie admirer ce magnifique paysage. « Aussi loin, disait-il, que la vue s'étend, c'est mon royaume »

Il mentait impudemment, mais nous fîmes semblant de le croire.

» Nous lui offrîmes notre cadeau de bienvenue ; il consistait en un veston de velours, qui avait vu des jours meilleurs, deux barils de poudre, des étoffes, des perles, du tabac et surtout de l'alougou.... Il se mit ensuite à déguster notre rhum, en faisant mille pasquinades. En contemplant ce joyeux monarque, qui, du matin au soir, riait aux éclats, et répétait sans cesse, comme un perroquet : *N'Combé be king, kingman, rey pass todos,* ou ôtant le chapeau devant le rhum et déclarant que le rhum était le seul roi *pass todos* (par dessus tout), j'écrivais sur mon calepin : « C'est décidément une bonne bête que N'Combé. » Erreur profonde ! N'Combé n'est ni bon ni bête ; mais au contraire méchant et fort roué ».

**Funérailles royales**. — Quelques mois après cette entrevue, le roi-soleil était mourant. Il avait, dans une expédition, brûlé un village et fait exécuter la plupart des habitants. Un des survivants lui ayant apporté une bouline de vin de palme, il la but d'un trait, et sans la faire goûter auparavant par ses femmes, sage précaution dont l'oubli lui coûta cher. Le vin était empoisonné. Les Européens essayèrent de le guérir ; mais les femmes et les sujets de N'Combé exigèrent qu'il fût traité à la manière du pays et avalât les remèdes effroyables que préparait le féticheur. Le roi-soleil mourut au milieu de souffrances atroces et d'épouvantables hallucinations.

...» On avait assis N'Combé dans son grand fauteuil et coiffé d'un bonnet orné de grelots, fait jadis pour quelque rôle de folie au théâtre ; il était revêtu du gilet d'argent, qu'il tenait de notre munificence, et de ses plus beaux pagnes ; entre ses jambes étaient sept ou huit cannes et au-dessus de sa tête se déployait tout grand ouvert cet énorme parapluie dont le défunt était autrefois si fier. Deux femmes avaient chacune une de ses mains dans leurs mains et, de temps à autre, lui secouaient les bras ; ses fils se tenaient debout à ses côtés et pleuraient. Tout cela présentait un incroyable mélange de sinistre et de grotesque. Tous les hommes du village étaient assis autour de la case, leur fusil à la main ; de temps en temps, ils tiraient une salve funèbre.

» A onze heures, selon le vœu exprimé par le roi-soleil mourant, on a promené son cadavre dans un hamac autour des factoreries et du village. Le cortège, précédé d'un accordéon, de deux tambours et d'une petite musique de marchand de robinets, était très nombreux et faisait un tapage infernal. On avait une barrique de rhum, deux cents livres de poudre et pas mal d'étoffes, pour célébrer d'une manière tout à fait exceptionnelle les obsèques de ce chef illustre. Vers trois heures, on a fait sortir les femmes de la case pour mettre le corps dans son cercueil. La factorerie avait donné une caisse immense ; on la remplit à moitié des plus beaux effets du défunt, que l'on coucha sur ce lit précieux, puis on continua à mettre dans la caisse des objets donnés par la factorerie ou ayant appartenu à N'Combé, tels que son grand chapeau à claque, son chapeau à soleil d'or, ses cannes, ses parapluies, ses gobelets, ses flacons d'eau de lavande et une quantité d'étoffes de toute espèce. On répandit sur le tout le contenu de quatre bouteilles de gin, après quoi le menuisier de la factorerie ferma le cercueil au moyen de clous énormes. Toutes les femmes rentrèrent, et alors éclata une explosion de désespoir plus tapageuse, si c'est possible, que celles qui avaient précédé. »

On le voit, si toutes ces scènes de la vie sauvage ont un côté risible et grotesque, elles ont aussi un côté qui attriste l'âme et qui fait désirer pour ces pauvres nègres la régénération par les principes de la vie chrétienne.

# CHAPITRE VII.

## LES MISSIONS CATHOLIQUES DU CONGO.

### § I. LES MISSIONS EN GÉNÉRAL.

**Action du christianisme.** — Il y a deux mille ans, la religion chrétienne a sauvé l'Europe et les autres contrées méditerranéennes de la corruption du paganisme ; elle a préparé et opéré la civilisation dont nous jouissons aujourd'hui, civilisation que déjà depuis quatre siècles notre race blanche a communiquée à l'Amérique et à diverses autres parties du globe.

C'est la même puissance religieuse, qu'elle soit plus ou moins masquée sous les apparences d'intérêts politiques ou mercantiles, ou qu'elle agisse directement au grand jour par le moyen des missions catholiques et protestantes, c'est la religion qui opérera encore le plus sûrement la régénération de cette intéressante race noire africaine, privée si longtemps de ses bienfaits.

Incontestablement, l'Evangile du Christ a pénétré dans l'Afrique centrale avec les missionnaires portugais et autres, il y a plusieurs siècles déjà ; de nombreux vestiges en font foi ; mais le bien qu'ils y ont opéré a été relativement peu marquant, et surtout peu stable. Il était réservé à notre époque d'expansion nécessaire de la race européenne, de voir se briser les portes qui fermaient « le continent mystérieux » à l'influence de la Bonne Nouvelle.

L'action pacifique et moralisatrice des missions catholiques est telle dans l'Afrique centrale, que le gouvernement de l'Etat du Congo a confié provisoirement la plus lointaine de ses provinces à l'administration des Pères Blancs des stations de *Mpala* et de *Kibanga*, sur le lac Tanganika. En outre, il a sollicité et obtenu du Saint-Siège l'érection du *Vicariat apostolique du Congo belge.*

Le gouvernement de la République française, fort peu sympathique à la religion en France, protège cependant les missionnaires catholiques dans ses possessions du Gabon et du Congo, et dans les contrées de l'Orient, car il les considère comme le moyen le plus certain d'étendre l'influence nationale en pays étrangers.

Dieu veuille que cette union des deux puissances temporelle et spirituelle persiste partout et toujours, et que les missionnaires ne rencontrent pas au Congo, comme on l'a vu ailleurs, plus d'obstacles à leur influence de la part de certains blancs que des indigènes eux-mêmes.

Surtout qu'il ne soit pas dit plus tard que « la civilisation européenne », avec ses côtés défectueux, ait été plus nuisible qu'utile à ces pauvres natifs africains, comme il en a été pour certaines peuplades de l'Amérique ou de l'Océanie.

La partie de l'Afrique équatoriale qui nous intéresse ici forme deux *ricariats apostoliques*, savoir : 1° celui du *Congo belge*, desservi par les Missionnaires de Bruxelles ; — 2° celui du *Haut-Congo*, administré par les Pères Blancs de N.-D. d'Afrique.

Voici quelques détails sur l'organisation des chrétientés congolaises naissantes.

**Missions étrangères belges.** — Cette congrégation, établie sous le patronage de l'Immaculé Cœur de

Marie. a son siège à Scheut-lez-Bruxelles. Depuis de longues années, elle évangélise avec succès les vicariats apostoliques *de Mongolie* et *du Kan-Sou* (Empire chinois).

A la demande du roi des Belges, le Pape l'a chargée également de la mission fondée en 1888, sous le titre de *Vicariat apostolique du Congo belge*, et comprenant la plus grande partie de l'Etat indépendant. Un séminaire pour les études africaines est établi près la célèbre Université catholique de Louvain.

Stations : *Nemlao*, près Banana, et *Boma* (desservies provisoirement par les PP. français du St-Esprit) ; — *Léopoldville*, sur le Stanley-Pool, *Berghe-Ste-Marie* (Kwamouth), au confluent du Kassaï, et *Loulouabourg*, qui sont desservies par les Missionnaires belges.

**Missions des Pères d'Alger**. — La congrégation des Pères d'Alger, dits aussi PP. de N. D. d'Afrique, et *Pères Blancs*, à cause de leur costume blanc quasi arabe, a été établie par Mgr Lavigerie, pour les besoins de l'Algérie d'abord, ensuite du Sahara et de la région des Grands Lacs équatoriaux.

Elle dessert, entre autres missions, le *vicariat apostolique du* HAUT-CONGO, se composant de la partie du territoire belge située entre le Congo supérieur et le lac Tanganika. Les stations sont : *Kibanga*, sur la baie Burton, et *Mpala*, toutes deux situées sur la rive occidentale du Tanganika.

La mission de *Karéma*, sur la rive orientale, dépend du vicariat apostolique dit du Tanganika.

**Les jeunes Congolais élevés en Belgique**. — Dans notre ouvrage intitulé : le CONGO BELGE ILLUSTRÉ, nous avons parlé du jeune *Wamba*, le premier nègre Congolais baptisé et élevé en Belgique, par les soins de la famille Walford, d'Anvers. Son auguste marraine, notre bien-aimée reine Marie-Henriette, lui avait fait donner le nom de *Henri-Léopold*. Après avoir reçu le sacrement de confirmation des mains de Mgr l'archevêque de Malines, le jeune Wamba est reparti pour l'Afrique en 1888.

Heureux les jeunes Congolais que les circonstances amènent en Belgique, s'ils y trouvent toujours une éducation vraiment chrétienne, seule capable de les améliorer eux-mêmes et de les rendre aptes à exercer plus tard, dans leur patrie, une influence bienfaisante sur leurs tribus.

On sait que dans ce but, M. l'abbé Van Impe, directeur du pensionnat de Saint-Louis de Gonzague, de Gyseghem (lez-Alost), a déjà accueilli généreusement chez lui plusieurs jeunes nègres originaires du Congo. Ayant préalablement communiqué son projet au Gouvernement de l'Etat libre, il en reçut l'encouragement suivant :

« M. le Directeur, j'ai en l'honneur de placer sous les yeux de Sa Majesté votre lettre du 15 juillet (1888), par laquelle vous voulez bien proposer à l'Etat du Congo de pourvoir dans votre établissement à l'instruction de deux enfants congolais.

« Le gouvernement, interprète des sentiments du Roi, apprécie hautement les vues élevées qui vous ont dicté votre offre, et vous remercie de votre généreuse initiative. Je serais heureux de m'entretenir avec vous, des moyens d'exécution les plus propres à réussir dans votre projet, etc...»

« (*Signé*) Ed. Van Eetvelde, administrateur-général des Affaires étrangères et des cultes. »

Il nous semble qu'il y a là un exemple à imiter par plusieurs de nos établissements catholiques d'éducation, qui, par là, rendraient un service signalé, non seulement à l'Œuvre belge du Congo, mais spécialement à celle des Missions catholiques.

Les trois premiers enfants nègres élevés à Gyseghem sont : Léopold Vidi, fils de Paolo, de Banana, et les deux frères Ebida et Bina, originaires de l'Arouwimi. Ces deux derniers furent arrachés aux esclavagistes par le lieutenant belge Daenen.

Le jeune Vidi, aujourd'hui âgé de 15 ans, fut ramené en Belgique par l'excellent directeur de la justice au Congo, M Gustin, qui le fit d'abord élever chez les Frères des Ecoles chrétiennes de la paroisse St-Jacques, à Liège.

C'est là qu'il fut baptisé en 1888 par Mgr Doutreloux, dans une cérémonie des plus touchantes ; S. M. le Roi voulut être son parrain, et sa marraine fut Madame la comtesse de Steinlein, la grande protectrice des noirs.

Le 18 Mai 1889, M. Gustin le conduisit lui-même à Gyseghem,

où il fut accueilli au milieu des démonstrations affectueuses de toute la paroisse. Les drapeaux Congolais et Belge flottaient sur l'Institut St-Louis, et ce fut une fête pour tous les élèves que la réception de ce cher condisciple noir, qui dès ce jour devint pour eux un véritable frère et ami.

M. l'abbé Van Impe, qui veut bien nous écrire ces détails, ajoute que le jeune Léopold est un garçon de bonne nature, docile, intelligent, fort affectueux et bien aimé de ses camarades. Il est surtout pieux, ne connaissant pas le respect humain, dévot envers la T. Ste Vierge, très reconnaissant pour ses bienfaiteurs et ses maîtres. Ses progrès dans les études humaines sont aussi remarquables que sa piété ; il parle et écrit parfaitement en français. Lors de la visite de Mgr Lambrecht, Evêque de Gand, à l'établissement de St. Louis de Gonzague, le jeune noir fut choisi pour complimenter le digne prélat, aujourd'hui si regretté, et il le fit au nom de tous ses compatriotes. Monseigneur, ému, le bénit, lui, sa famille, ses amis, et tous les Congolais appelés à la connaissance du vrai Dieu.

Le dimanche, 12 janvier, M. Van Impe donnait une conférence contre l'esclavagisme à 1500 personnes réunies dans l'église de Nieuwerkerken, près Alost. Après la conférence, nos jeunes nègres chantèrent un cantique, et, pendant le salut, ils firent une double et fructueuse collecte, au profit des pauvres de la commune et des missions belges au Congo.

**Les écoles au Congo.** — On conçoit que, jusqu'à présent, l'enseignement au Congo ne soit qu'à l'état de projet ; il est prévu, nous le savons, dans les dispositions des organisateurs de l'Etat indépendant. Déjà les leçons de catéchisme et nécessairement aussi les éléments de la langue française, sont donnés par les missionnaires établis à Nemlao, Boma, Berghe-Ste-Marie, Kibanga, Mpala et ailleurs.

Quant à l'avenir, nous nous croyons en mesure de dire que S. M. le Roi-Souverain compte « demander le concours des Congrégations enseignantes, pour les écoles du Congo, aussitôt qu'il y aura là, dans les principaux centres, assez d'élèves blancs et noirs, en âge et en état de recevoir utilement leur enseignement... »

Mais auparavant « S. M. enverra des religieuses institutrices belges, qu'on forme dans le dessein d'aller aider les missionnaires-prêtres à élever de jeunes enfants et à les préparer pour les écoles des instituteurs ; car c'est par l'enfance qu'il faut commencer, si l'on veut obtenir de bons résultats. »

Le but de S. M., dans l'instruction des indigènes, n'est pas précisément d'en faire de faux savants aussi vaniteux qu'intraitables, mais de les initier avant tout aux professions usuelles d'agriculteurs, jardiniers, menuisiers, maçons, forgerons, etc. ; on formera les plus intelligents aux emplois de garçons de commerce, d'écrivains pour les bureaux et les factoreries, de surveillants et d'aides de tout genre pour les administrations civiles, les chemins de fer, les cadres de la milice armée, etc.

C'est à Quatrecht, commune de Wetteren, au diocèse de Gand, qu'est établi le noviciat des *Sœurs missionnaires* destinées au Congo. Fondé par Monseigneur Lambrecht et par le chanoine Janssens, ce noviciat spécial se rattache à la Congrégation des Sœurs de la charité ; il compte déjà une vingtaine de sujets, dont plusieurs partiront bientôt pour l'Afrique.

Le costume de ces religieuses est heureusement choisi : il se compose de la robe blanche, symbole touchant de la virginité, joint au scapulaire noir, emblème de l'engagement perpétuel à la croix et à la souffrance que le missionnaire doit nécessairement endurer, s'il veut voir fructifier son apostolat. Nul doute que le nom de *Sœurs Blanches* n'acquiert bientôt parmi les noirs, la popularité dont jouissent, sous le nom de *Pères Blancs*, les missionnaires de Monseigneur Lavigerie qui évangélisent le haut Congo.

*Voyage du missionnaire catholique dans l'Afrique centrale.*

## § II. LES MISSIONS DU CONGO CENTRAL.

**Les premiers départs.** — La première expédition de nos missionnaires de Scheut-lez-Bruxelles, est partie d'Anvers le 26 août 1888, à bord de l'*Africa*. Elle se composait de M.M. Gueluy, supérieur, Ferdinand Huberland, Emeri Cambier et Albert de Backer, tous quatre originaires du diocèse de Tournai. Ils sont allés fonder la mission de Berghe-Ste-Marie, au nord du confluent du Kassaï avec le Congo. Le nom de cette station rappelle celui de Mgr Van den Berghe, curé d'une paroisse d'Anvers, et bienfaiteur insigne de la mission.

Un second départ, qui a eu lieu au mois de juillet 1889, se composait de M. Van Ronslé, supérieur, avec M.M. Jules et Ferdinand Carmyn, et avait pour destination la mission de Loulouabourg, poste avancé sur la Louloua, affluent du Kassaï.

Ces deux missions, de création toute récente, n'ont pu encore se faire connaître par leurs résultats. Les deux lettres que nous publions ci-après, et qui sont empruntées à l'excellente *Revue des Missions de Chine et du Congo*, relatent quelques incidents préliminaires de voyage et d'établissement.

**Lettre de M. Van Ronslé.** — Boma, 7 août 1889.

Dieu soit loué! Après un voyage de 28 jours, nous voici arrivés à Boma, et en si bonne santé que, chaque jour, nous avons pu célébrer la sainte messe, sauf votre serviteur, qui en a été empêché quatre fois.

C'est le lundi, 29 juillet, que notre navire arriva devant l'embouchure du Congo. Or, vous le savez, à 6 heures du soir, sous les tropiques, c'est la nuit. Il eût été dangereux de se hasarder, à pareille heure, à entrer dans le fleuve, au risque d'aller s'échouer sur

un banc de sable. En conséquence, on jeta l'ancre
dans l'Océan, remettant le départ à l'aube du lendemain.

Accoudé à la balustrade du navire, et tourné vers
le Continent, je considérais une petite lumière qui
sert de phare à l'embouchure du fleuve. C'était, à ce
moment, tout ce qu'on pouvait apercevoir de ces contrées mystérieuses, naguère à peine connues de nom,
et qui préoccupent actuellement le monde entier. Et
je me disais : « Il est là, devant moi, ce Congo auquel
mon âme de prêtre aspire depuis si longtemps ! C'est
là que Dieu m'attend pour avoir la mesure de mon
amour ! C'est là que je vivrai, c'est là que je mourrai.
Et toi, petite lumière, qui scintille là-bas, puisses-tu
être le symbole de la vraie lumière que nous apportons
avec nous ! Celle-ci est bien faible encore ; ce n'est
qu'une étincelle au sein d'un Océan de ténèbres. Mais,
j'en ai la confiance, de même que demain l'astre du
jour illuminera cette nuit profonde, un jour aussi le
soleil de l'Evangile brillera aux yeux de ces millions
d'enfants de Cham. »

Le mardi, tandis que nous célébrions la sainte messe,
le navire arrivait devant Banana. On ne s'y arrêta que
pour prendre un pilote ; puis on repartit, tantôt stop-
pant, tantôt jetant la sonde, et cela parce que, à cette
époque, l'eau du fleuve est très basse et les bancs de
sable nombreux. Nous eûmes ainsi tout le temps de
considérer et d'admirer le fleuve et ses rives.

Qui a vu l'Escaut au-delà d'Anvers, là où il coule
majestueux à travers de verdoyantes prairies, peut se
faire une idée du Congo. Seulement, celui-ci est bien
plus impétueux et déverse infiniment plus d'eau à
l Océan, où il pénètre avec tant de puissance, qu'à huit
ou dix lieues de l'embouchure, les eaux de la mer ont
encore la couleur rouge foncé des eaux du fleuve. A

Banana et au-delà, il a une lieue de largeur, deux cents mètres de profondeur en certains endroits, et une vitesse de cinq nœuds à l'heure. De Banana à Ponta-da-Lenha, les rives sont assez peu élevées pour rappeler celles de l'Escaut, mais avec cette différence que le vert tendre de nos prairies est ici remplacé par des massifs d'arbres et d'arbustes, si denses et d'une couleur si foncée que l'œil ne peut les percer.

A partir de Ponta-da-Lenha, la scène devient plus grandiose. Les rives s'élèvent en collines boisées de l'aspect le plus pittoresque ; des îlots semés dans le fleuve et couverts d'une luxuriante végétation, offrent à l'œil des points de vue les plus ravissants qu'un peintre puisse rêver. Comme elles tranchent sur le vert sombre qui les entoure, ces factoreries, ces villas, que nous voyons enfouies sous les gigantesques palmiers ou sous les monstrueux baobabs ! Non, vraiment, tout ce que nous avons lu sur les splendeurs de ce fleuve superbe, n'égale point ce que nous voyons. Cela défie toute description.

Nous arrivâmes à Boma, vers 11 heures du matin. Après quelques saluts donnés aux agents du gouvernement, nous nous rendîmes au local de la mission, desservie jusqu'ici par les Pères du Saint-Esprit, de la cordiale hospitalité desquels l'éloge n'est plus à faire.

**La mission de Boma.** — « Dimanche, 12 août. Voilà 12 jours que nous sommes ici, et, grâce aux soins des bons Pères, nous ne connaissons encore l'Afrique que par ses bons côtés. Mais demain, *le Héron* va nous conduire à Matadi ; puis, ce sera le voyage par terre. Sera-ce le commencement de nos souffrances ? Sera-ce encore une partie de plaisir ? Nous vous le dirons plus tard.

La résidence des Pères de Boma est fort bien située,

bâtie qu'elle est sur un monticule et non loin du fleuve. Vous y chercheriez en vain la moindre apparence de luxe, mais l'aménagement en est extrêmement commode. La maison est occupée par deux Pères, un Frère et dix-neuf négrillons. En dehors de quelques Européens, voilà de quoi se compose jusqu'ici la paroisse de Boma.

Les Pères du Saint-Esprit ne s'épargnent point cependant. La conversion des infidèles, en Afrique plus que partout ailleurs, demande du temps et de la patience. Sans doute Dieu, dans sa miséricorde, a marqué le temps et l'heure, où il fera luire la vérité, où il aura pitié de ces millions d'esclaves de Satan. Mais nous, missionnaires, nous devons donner notre dévouement et notre vie comme si cette heure était proche, et nous souvenir que le salut d'une seule âme suffira à notre récompense.

Les superbes jardins de Boma, ornés qu'ils sont des arbres des tropiques, font que, de loin, la ville semble former un parc d'un seul bloc. Il n'en est point ainsi cependant, car il y a deux groupes distincts, que l'on appelle Boma-beach (rive) et Boma-plateau. Boma-beach est constitué par le port, les quais, les entrepôts de l'Etat, le bureau des postes et les factoreries. Un débarcadère en fer, s'avançant à trente mètres dans le fleuve, permet le déchargement des bateaux. Boma-plateau est plus au nord, sur une colline. Là se trouvent les habitations des principaux agents et les villas des gros commerçants.

Quant à la population noire, c'est un ramassis de toutes les races. Ce n'est donc point ici, qu'on pourrait s'initier à fond aux mœurs et coutumes des nègres. Ainsi, rien que parmi les noirs enrôlés comme soldats au service du gouvernement, il y a six ou sept nationalités différentes, chacune ayant son jargon et son caractère. Un point cependant en quoi tous se ressemblent, c'est la passion pour le tafia, genièvre. En toute affaire que vous avez à traiter, le premier mot et le dernier est toujours : *Mata-biche,* ce qui en portugais signifie : tueur de ver. Touchante coïncidence ! A propos de genièvre, le portefaix d'Anvers et son confrère à peau noire du Congo parlent la même langue !

Un matin, je dus me rendre à Boma-beach, pour faire retirer nos caisses. Je trouvai nos malles enfouies sous un tas de marchandises, d'où il s'agissait de les dégager. Je m'adressai à quatre nègres. Ceux-ci se mirent à l'œuvre en s'aidant d'un chant incompréhensible, dont le mot final fut l'inévitable *mata-biche.* Or je n'avais point de menue monnaie, et, à la poste où je devais me rendre pour changer mon argent, les nègres ne pouvaient m'accompagner. En conséquence, je ramassai un bout de papier qui gisait par terre, le divisai en quatre portions et en remis une à chaque individu. Ce mukanda d'un nouveau genre fut parfaitement accepté. A mon retour de la poste, chacun retira son gage d'un repli de son pagne et reçut son salaire.

Ordinairement cependant le mukanda n'est pas d'une simplicité aussi primitive ; on y joint quelque écriture. Au reste, le mukanda n'est point d'importation récente, comme on pourrait le croire ; les nègres l'emploient depuis un temps immémorial.

Un trait encore pour montrer qu'au Congo *mata-biche* est le commencement et la fin de toutes choses. Un missionnaire avait longtemps soigné un nègre malade et blessé. Quand le noiraud fut sur pied, le bon Père croyait recevoir ne fût-ce qu'une parole de remerciement. Il s'y trompait.— « Me voilà bien, maintenant, lui dit le drôle, *Mata-biche,* s'il vous plaît ? » Et il s'en alla en faisant claquer la langue.

C. Van Ronslé, miss. ap.

**Lettre de M. Albert Gueluy**. — Berghe-Sainte-Marie, le 11 juin 1889.

En Afrique, surtout pour une mission qui commence, les premiers établissements ne se fondent pas vite, si on veut les asseoir solidement. Ici les matériaux de notre seconde maison s'amassent rapidement sur le terrain déblayé ; seulement la briqueterie, prête

*Nouvelle Eglise de Boma. ( Cette église construite toute en fer dans les ateliers d'Aiseau ( Belgique ), mesure 25 m. de long sur 12 de large. Les doubles parois permettent la circulation de l'air, qui rafraîchit l'enceinte.*

du reste à fonctionner, attendra encore quelque temps : du bois et de la paille feront plus lestement un abri pour les trois nouveaux missionnaires qui me sont annoncés comme devant partir d'Anvers le 15 juin. Dans deux mois nous serons donc sept missionnaires

ici ; mais le premier nouveau poste est déjà en vue, et
là je n'aurai pas l'embarras de bâtir, l'Etat ayant construit et occupé ce poste depuis longtemps. Je commence même à calculer où sera la 3ᵉ résidence. Dès
aujourd'hui il devient évident que mon canot en acier
galvanisé ne suffira pas pour établir les communica-
tions entre nos stations. Tant que notre mission
n'aura pas, — comme toutes les autres d'ailleurs, —
lancé un petit vapeur sur les eaux du Congo et du
Kassaï, on ne pourra jamais dire que son avenir soit
assuré.

Nous allons commencer à nous mettre en quête
d'enfants païens, il n'est pas bien difficile de faire l'acquisition de ces petits esclaves, pourvu qu'on ait de
l'argent (environ 100 fr., ou un peu plus, par tête).
Quelques bonnes âmes de Belgique ont déjà eu l'excellente idée de m'envoyer autant de noms de baptême
à donner que de centaines de francs. Ces enfants, tout
en s'instruisant, nous procureront une certaine somme
de travail qui n'est pas à dédaigner, surtout parce qu'il
nous coûterait moins cher que celui de nos soldats
travailleurs.

Avant hier les Pères Cambier et Debacker faisaient
une sortie en pirogue sur le Congo, lorsque au détour
de la première pointe, ils se trouvent en présence
d'une véritable grappe de pirogues remplies d'hommes
tout bariolés de jaune et de rouge. Les coups de fusils
font rage entre la rive et le fleuve ; mais à la première
vue de l'*homme blanc*, le feu cesse ; les pirogues déta-
lent au plus vite pendant que les riverains se jettent
dans la brousse et les hautes herbes. Ces derniers
pourtant ont reconnu les missionnaires ; ils viennent
lentement et presque un à un, à la rencontre de la
pirogue : « Père, voici nos blessés (trois, dont un seul
gravement) ; nous n'avons plus de poudre, aidez-nous! »

— « Nous sommes des prédicateurs de la paix ; vous êtes en guerre avec vos voisins qui sont aussi les nôtres, et cela pour la cause la plus futile (une querelle après boire où la canne à sucre fermentée jouait le plus grand rôle). Demain nous reviendrons pour vous engager à conclure la paix. » Hier, les Pères ne trouvèrent plus qu'un monceau de cendres et de ruines au lieu des trois premiers villages. Démarche pacificatrice auprès du chef agresseur, qui propose une réunion des chefs de tribus. Seulement, dans l'entretemps, on a de part et d'autre, fait des partisans dans les tribus voisines, et le chef incendiaire, craignant sans doute l'indemnité à payer, déclare, dès l'ouverture de la séance, vouloir courir les chances de la fortune : — « Eh! bien, courez », — et les Pères se retirent pour revenir ici soigner les blessés. — En ce moment les tambours de guerre battent de tous côtés, les trompes guerrières résonnent au milieu des cris sauvages du peuple dans chaque village. Ne songez pas, je vous prie, aux guerriers ivres de sang des récits européens : en voici un qui passe devant moi, il se rend précipitamment au champ de bataille ; des lignes jaunes et noires courent en éclairs par tout son corps ; une longue branche de pampre lui ceint trois fois les reins : « Avec cela, me dit-il, on ne saurait me tuer. » — Ce qui explique pourquoi tu as l'air si leste et si pressé ; tu ne t'arrêtes pas un instant? — Bientôt le voilà à examiner ma montre, à en écouter le tic-tac, à tirer des langues, mais des langues ! Enfin, à sauter et à battre des mains comme un enfant ; bref, il ne sortit d'ici que pour rentrer chez lui. Cette guerre augmentera notre prestige ; en revanche, elle peut conduire à la destruction de tous les villages à une lieue sur notre rive du Congo.

Veuillez, chers parents, vous souvenir toujours dans vos prières de votre fils dévoué,          A. GUELUY.

## Mission du Haut-Congo, Tanganika.

**Lettre d'un Missionnaire de Mpala**, rive S.-O. du lac Tanganika, au cardinal Lavigerie. Détails concernant les croyances des indigènes.

Des voyageurs nombreux avaient prétendu que nos sauvages de l'Afrique équatoriale n'avaient aucune *idée d'un Dieu créateur*, de l'existence des esprits, de l'immortalité de l'âme. Ces affirmations, faites et répétées avec assurance, avaient fini par constituer une objection grave contre la thèse des philosophes et des théologiens qui trouvaient une preuve de ces grandes vérités dans le consentement de tous les hommes.

Nous en savons assez aujourd'hui pour pouvoir dire, ou que ces affirmations sont l'œuvre d'une étrange légèreté, ou que leurs auteurs ont voulu se moquer de .eurs lecteurs.

Voici donc, simplement exposés, les faits que nous avons constatés par nous-mêmes, les discours que nous avons entendus, dans des régions où l'action européenne ne s'est pas encore fait sentir, et où, par conséquent, nous avons les traditions africaines toutes pures.

Je commence par l'immortalité de l'âme.

Quand on enterre les morts dans l'Ouroundi, on étend, au fond de la fosse, une natte sur laquelle on dépose le corps dans une posture de ʻsuppliant, à genoux, les mains jointes. Il a les armes dont il se servait de son vivant ; mais elles sont de côté, étendues par terre, comme si la seule arme dont il ait désormais besoin était la prière.

Chez les Wassanzès, les morts sont enterrés à côté de la maison, et on fait souvent des cérémonies sur les tombes.

Le chef Si Kaponora, qui est venu nous chercher pour nous conduire dans le Massanzé, est mort, il y a huit ou dix mois. Les parents ont porté le deuil quinze jours, un mois, six mois et davantage selon leur degré de parenté. Nos nègres, n'ayant pas d'habits, expriment leur deuil par une bande d'écorce de bananier dont ils se ceignent le front. Le deuil est plus marqué quand ils ajoutent une bande sur la poitrine, c'est le plus grand signe de la douleur.

Les hommes de la famille de Si Kaponora avaient quitté le deuil depuis quelque temps, quand, un matin, ils entrèrent quatre ou cinq dans la maison, portant tous des marques blanches au front, à la poitrine et aux épaules. Il n'est pas rare de voir les nègres s'enjoliver la figure et le corps avec de la terre blanche ou rouge ; aussi n'y prenions-nous pas garde d'abord, voyant que tous étaient parents et avaient le même signe :

— « Que portez-vous là ? demande un Père.

— Eh bien, répond l'un, mais Si Kaponora est mort !

— Oui, reprend le Père, il est mort, il y a plusieurs mois.

— Aujourd'hui nous sommes allés prier sur sa tombe.

— Mais, s'il est mort !

— Il est mort, mais pas tout à fait.

— Comment, il n'est pas mort tout à fait ?

— Il est mort, son corps est dans la terre ; mais il reste quelque chose qui est là-dedans. »

Le mot correspondant à *esprit, âme*, ne lui venait pas, il montrait sa poitrine.

Le Père lui souffle le mot :

— « C'est son esprit qui reste ?

— Oui, dit le noir.

— Et qu'êtes-vous allés demander ?

— De l'intelligence, de la nourriture, du poisson, de la force, du bien beaucoup. »

Une autre fois, un nègre venant à la mission avec plusieurs membres de sa famille, la figure tachetée de craie blanche, comme ceux dont je viens de parler, nous lui demandâmes pourquoi il s'était ainsi blanchi.

« Maître, nous dit-il, il y a bien longtemps, mon père est mort dans cette saison, et, chaque année, nous allons à l'endroit où nous l'avons placé, avec mes frères, mes parents, et tous nous lui demandons de nous accorder la santé, la force et des biens.

— Où ton père a-t-il été enterré ?

— Dans le Tanganika. »

Cette coutume d'un grand nombre de jeter les morts au Tanganika venait de la crainte de voir les cadavres déterrés et mangés par les Wabenbis.

— « Ce matin, nous avons pris nos pirogues et nous sommes allés ensemble bien loin, à l'endroit où nous avons jeté notre père.

— Mais ton père est mort, tout à fait mort, et depuis longtemps. Que peut-il t'accorder ?

— Oui, il est mort, mais pas tout à fait.

— Qu'en reste-t-il donc ? »

Nous montrant sa tête, il répond :

— Il reste encore ceci... »

— Quoi ! *who yake* (son esprit) ?

— Oui, son esprit ; et il le répand sur ses enfants et sur ses amis, afin qu'ils jouissent d'une bonne santé, qu'ils obtiennent la fortune et qu'ils vivent long-temps. »

Voilà donc une preuve frappante de la croyance de nos sauvages à la vie future.

Voici ce que nous avons pu apprendre depuis.

Dieu rappelle les esprits, les âmes, et place auprès de lui l'âme de ceux qui ont été bons sur la terre et qui jouissent là de tous les biens, tandis que les mauvais sont repoussés de sa présence. Ils sont éloignés et semblent ne pas avoir d'autres souffrances que l'éloignement de la présence de Dieu.

Quant aux enfants morts avant l'usage de la raison, ils suivent le sort de leurs parents. Si leurs parents sont auprès de Dieu, eux aussi participeront à leur bonheur ; si les parents en sont éloignés, les enfants également en seront éloignés.

Nous avons voulu connaître quel était le sort des enfants morts sans raison et avant leurs parents. nous n'avons eu invariablement d'autre réponse que celle-ci : « Nous ne savons pas, nous ; mais vous, vous le savez bien »

C'était assez pour être en mesure d'affirmer que nos pauvres nègres croient à l'immortalité de l'âme, aux récompenses des bons et au malheur des méchants dans la vie future. »

On voit que ces malheureux nègres, tout barbares qu'ils sont, le sont moins que nos libres-penseurs de la Belgique centrale.

* *

**Lettre du P. Josset. de la Société des Missionnaires d'Alger. — *Kibanga*, rive N.-O. du lac Tanganika, le 19 décembre 1886.**

Notre œuvre continue sa marche. Nous ne nous déconcertons pas de ses entraves, sachant que les œuvres qui se développent peu à peu sont durables, tandis que celles qui dès le principe atteignent leur apogée sont marquées souvent du signe de la caducité. « *Chi va piano va sano e lontano,* » disent les Italiens, et ils ont raison.

Le nombre de nos orphelins, en dépit des coups nombreux que la mort frappe parmi eux, puisqu'elle nous en a pris près de 40 en moins de six mois, s'accroît de jour en jour. En ce moment il dépasse 120 ; c'est un tiers de plus qu'à mon arrivée à Kibanga. Ces enfants se montrent vraiment désireux de s'instruire des vérités de la religion, et nous témoignent un sincère attachement. Nous n'avons guère à leur reprocher en somme que quelques espiègleries enfantines et un penchant un peu trop accentué pour le *dolce farniente*. J'enseigne à lire et à écrire le Kisouahili à quelques-uns des plus intelligents. Notre but est d'en faire des catéchistes. Les autres, et les lecteurs eux-mêmes en dehors des heures de classe, sont appliqués à la culture des champs. C'est vous dire qu'après la prédication de la parole de Dieu, toute notre attention se porte du côté de l'agriculture.

Outre les petits garçons, nous avons racheté une vingtaine de petites filles, auxquelles nos jeunes ménages chrétiens se sont fait un bonheur d'offrir l'hospitalité. Quel dommage qu'à côté de notre orphelinat de garçons ne s'élève pas un orphelinat de petites filles ! Il serait avant six mois peuplé de centaines de ces innocentes et infortunées créatures. On peut racheter ici des petites filles aussi aisément que des garçons. Priez donc afin que la divine Providence dispose tout pour que nous ayons des Sœurs le plus tôt possible.

L'œuvre du rachat existe déjà depuis sept ans au Tanganika. Aussi, bon nombre de nos orphelins, ayant atteint l'âge d'homme, ont-ils été mariés. Ils sont groupés en trois gros hameaux, et les maisons de quelques-uns d'entre eux commencent déjà à se peupler de noirs chérubins. Quatre ou cinq naissances ont eu lieu ces mois derniers ; plusieurs autres sont attendues. Dieu bénit visiblement ces chers néophytes. En même temps qu'il dilate leur famille, il augmente leurs ressources. Un peu contraints par la nécessité, il faut l'avouer,

ils ont beaucoup cultivé cette année. La bénédiction
de Dieu a rendu leurs sueurs fécondes; aussi la plupart
vont-ils se trouver dans quelques jours au sein de
l'abondance. Il est vrai que, leurs besoins étant très
bornés, ils savent se contenter de peu. Quelques épis

*Mission de Kibanga. Le frère Jérôme et les orphelins aux travaux des champs.*

de maïs, quelques racines de manioc, ou quelques pa-
tates, et un peu de viande de loin en loin leur suffisent
amplement. Ce n'est pas à dire qu'ils ne sachent, comme

tout le monde, faire honneur à un bon repas quand l'occasion s'en présente; mais mieux que personne aussi ils savent s'en priver.

Vous n'auriez pas une idée complète de notre petite chrétienté si je ne vous disais un mot de notre *aristocratie*. Elle se compose dans l'ordre *maritime*, de trois capitaines de bateaux. Ces bateaux sont de simples pirogues creusées dans des troncs d'arbres, mais comportant néanmoins un équipage de 10 à 12 rameurs. L'étiquette, dont les nègres sont observateurs scrupuleux, veut qu'on leur donne le titre *Nahoza*, capitaine, quand on leur adresse la parole. Aussi n'y manque-t-on jamais.

Dans l'ordre *militaire*, nous comptons ici un gendarme. C'est un vieux du Manyéma, bon chrétien. Il représente seul la force publique. On lui donne le titre *mlinzi*, gardien.

Dans l'ordre *civil*, nous avons un intendant général. C'est un jeune Mganda, fervent chrétien, intelligent et d'une fidélité à toute épreuve. Il surveille les travaux. Il s'appelle Léo, abréviation de Léon, nom qu'il a reçu au baptême et qu'il portait déjà à Tabora.

Nous avons aussi deux savonniers et un tailleur, auxquels on donne le nom de *Fundis* (maîtres).

Au reste, l'aristocratie kibangaise, simple comme celle de l'ancienne Rome au temps où les mœurs étaient pures, ne croit nullement déroger en se livrant aux travaux de la terre. Que nous mandions un capitaine ou un fundis, on le trouve habituellement, comme le bon Cincinnatus, à cultiver ses champs. A l'antique simplicité romaine, ils savent joindre la foi et la piété des premiers siècles de l'Eglise. Nos capitaines se trouvent plus honorés de présider, quand l'occasion s'en présente, la prière qui se fait toujours en commun ici, que de commander à leurs rameurs.

# CHAPITRE VIII

## LA TRAITE DES NÈGRES SUR LE TANGANIKA.

### LA PROTECTION DES MISSIONNAIRES.

**Lettre du P. Moinet**, (1) adressée à S. E. le cardinal Lavigerie. — **Kibanga**, rive N.-O. du Tanganika, 3 décembre 1887.

...La matinée se passe comme à l'ordinaire. Vers midi nous commençons à voir sur les collines qui entourent notre station, des nègres qui semblent fuir en se dirigeant vers notre *tembé*. Les premiers arrivés nous apprennent qu'un chef métis esclavagiste de l'est du Tanganika vient fondre sur la contrée. Beaucoup d'indigènes éloignés de la Mission se sauvent chez nous avec tout ce qu'ils possèdent.

**Les brigands.** — Tout d'abord nous croyons que ce n'est qu'une fausse alerte comme il en arrive souvent dans ces contrées, mais vers trois heures nous voyons défiler au loin, vers l'est, une troupe de métis et de nègres armés, sur les hauteurs qui se trouvent en deçà de la rivière Louvou, limite du terrain de notre Mission. Tous nos néophytes fuient en toute hâte chez nous.

En effet, ce sont les soldats de Mohammed, qui viennent faire leur razzia, comme ils en font dans tous les pays qui nous environnent; nous apprenons qu'*ils*

---

(1) Cette lettre, qui nous relate le triste esclavage des noirs, et l'affreuse chasse à l'homme qui en est la conséquence, avait paru dans notre première édition de la TRAITE DES NÈGRES, mais n'a pu trouver place dans les suivantes.

*viennent de saisir deux de nos enfants.* Aussitôt toutes les mesures de prudence sont prises ; le *tembé* est fermé et des munitions sont distribuées aux nègres de notre village, dont une vingtaine vont avec le T. R. P. Supérieur et le Père Vyncke au-devant des pillards pour les arrêter et leur demander compte de leur invasion sur le terrain de la Mission, pendant que les autres, avec le P. Guillemé et le F. Jérôme, gardent la maison et rassurent les fugitifs. Arrivée à environ 250 mètres de notre enceinte, notre avant-garde se trouve en présence des *Rouga-Rouga* (brigands) qui ont passé, *drapeau rouge en tête,* à travers les villages ; ils ont fait main basse sur tout ce qu'ils ont trouvé, choses et gens, et sont en train de poursuivre quelques fuyards éperdus dans les hautes herbes d'une vallée.

On leur crie de s'arrêter, de venir parlementer, de dire pourquoi et de la part de qui ils viennent, mais, au lieu de répondre, ils changent de direction et vont vers un autre village du côté du Tanganika. Mais bientôt des renforts arrivaient aux brigands ; une bande d'une cinquantaine d'hommes sort du côté des collines du Louvou et vient se joindre à l'avant-garde.

**Etat de siège.** — Nous étions alors à une dizaine de minutes de la maison. Ne voulant pas commettre l'imprudence de nous éloigner davantage, et voulant empêcher les chasseurs à l'homme d'entrer dans notre enceinte, — ce qui serait arrivé certainement sans cette première sortie, — le Père donne le signal de se replier. La retraite s'effectue en bon ordre. Grâce à l'arrivée de quelques-uns de nos nègres chrétiens envoyés par le R. P. Provicaire, qui faisaient entendre le feu de la fusillade, les Rouga-Rouga n'osèrent pas poursuivre nos tirailleurs qui rentrèrent tranquillement dans la Boma (tembé) sans être inquiétés. Durant ces premiers incidents, tous les pauvres sauvages du pays qui avaient confiance en nous (d'autres s'étaient enfuis sur le lac ou dans les hautes herbes) étaient venus se blottir sous nos ailes protectrices, bien assurés qu'au dehors ils seraient, comme toujours, pris comme esclaves ou massacrés impitoyablement.

La panique était grande parmi les femmes et les enfants de nos chrétiens, mais ils avaient confiance en Dieu et ils priaient. Les enfants de l'orphelinat disaient le chapelet à la chapelle, les femmes récitaient en pleine cour du tembé toutes les prières de leur répertoire. Les hommes de nos villages chrétiens reçurent d'abondantes munitions, mais ordre était donné de ne pas sortir et de s'en tenir à défendre l'accès de notre *boma* en cas de nouvelle attaque et à brûler jusqu'à la dernière cartouche à travers les meurtrières de notre enceinte heureusement terminée, plutôt que de laisser tomber entre les mains des brigands arabes, les femmes et les enfants dont nous avons racheté les corps et les âmes, ainsi que les pauvres indigènes qui cherchaient leur salut chez nous. En attendant, nous essayons de parlementer avec l'ennemi, de savoir si vraiment Mohammed, qui se disait notre ami, a commandé à ses gens de piller la Mission, s'il n'a pas reçu d'instructions du sultan de Zanzibar pour nous respecter.

L'effectif de notre personnel dans notre enceinte murée se composait d'environ cent hommes armés de fusils (dont une dizaine à tir rapide, mais avec peu de cartouches, près de deux cents sauvages avec des lances, de trois à quatre cents femmes et autant d'enfants y compris notre orphelinat, total : environ mille personnes.

Nous voilà donc sur le qui-vive et à garder notre colline, nous mettant nous-mêmes sous la garde de Dieu.

**Pillages.** — Mais la nuit approche ; les Wangwana ne trouvant plus personne sur leur passage occupaient sans coup férir les villages environnants, et immédiatement ils se mettaient à faire main basse sur tous les objets qui se trouventà leur portée. Nous les voyions du haut de notre hutte attraper les volailles, arracher les cultures et voler tout ce qu'ils trouvent dans les cases, et que les pauvres habitants n'ont pu emporter dans leur fuite précipitée. Nous aurions pu les inquiéter dans leur pillage en leur envoyant quelques projectiles avec les fusils à longue portée, mais nous préférions savoir enfin à quoi nous en tenir pour nos chrétiens et parlementer avec eux. Ils répondirent à notre appel cette fois-ci et dirent qu'ils étaient bien les hommes de l'Arabe Mohammed et que leur chef de troupe n'allait pas tarder d'arriver. En effet, ce lieutenant arriva vers six heures et demie, et ne pouvant venir lui-même jusque près de nous, à cause d'un mal de jambe vrai ou prétexté (on ne sait trop ce qu'il faut croire quand un Mgwana parle), il nous envoyait un billet pour nous dire que son maître avait reçu de Saïd Bargash des instructions pour ne pas piller chez les blancs, et sa troupe venait simplement battre les nègres du pays. En même temps il nous envoyait une femme indigène (la belle-mère d'un de nos chrétiens) qui avait été capturée dans un des villages, et nous disait que le lendemain, de bonne heure, on arrangerait bien toutes les affaires.

**Parlementaire.** — Dimanche, 4 décembre. — Dieu soit béni ! La nuit a été calme, les sentinelles n'ont rien eu à signaler, aucune alerte n'est survenue. Nous disons nos messes de bon matin, ajoutons un Pater et un Ave à la prière pour demander à la Sainte Vierge, Saint Joseph, Saint Michel et tous nos anges gardiens de nous tirer d'embarras; puis, vers sept heures, le T. R. P. Provicaire et le Père Vyncke vont trouver le chef dans son campement, un de nos hameaux abandonnés dans l'invasion d'hier. Ce lieutenant de Mohammed est un métis de petite taille, de vingt-cinq à trente ans, petite barbe noire, teint très bronzé. A peine introduit dans la case, le T. R. P. Provicaire demande si c'est ainsi, en venant saccager le pays jusque sous les murs de notre habitation, qu'on tient compte des ordres de Sa Hautesse le Sultan de Zanzibar. *L'autre se confond en excuses*, il dit avoir donné ordre à ses gens de ne rien piller chez nous, de ne pas se battre contre nos enfants, etc.; qu'il venait seulement, d'après les ordres de son chef, après avoir battu le Mtémie (chef nègre) de la presqu'île, battre également le Moami (roi) Poré (ce sont les deux chefs voisins de la Mission); que pendant que lui, commandant des troupes, se trouvait avec ses nyampara (capitaines) à l'arrière de la colonne, ses Rouga-Rouga (soldats) indisciplinés, ayant faim après dix jours d'expéditions, avaient pu ne pas distinguer entre le pays de Poré et le nôtre, et qu'ainsi quelques déprédations avaient pu être commises contre sa volonté. Le T. R. Père exige qu'on restitue immédiatement les deux enfants qui ont été saisis chez nos néophytes, ce à quoi on fait droit. Enfin tout s'arrange à l'amiable, grâce à la fermeté du T. R. Père. Le chef des troupes défend à ses hommes de piller n'importe quoi dans nos cultures, et dit à nos gens de chasser tous les maraudeurs.

En reconduisant les Pères qui quittent le campement, Bwana Mazoudi nous promet une visite pour l'après-midi. Il vient effectivement avec sa suite, une dizaine de brigands; nous empêchons le reste de sa tourbe d'entrer dans l'enceinte, par mesure de prudence. Le pauvre chef a revêtu pour la circonstance sa grande tenue, une longue veste rouge, comme en portent les laquais ou les suisses chez les grands seigneurs en Europe. Il cause beaucoup et répond à nos nombreuses questions sur les pays qu'il a saccagés, etc. Il est mendiant comme tous les gens de cette race de métis arabes-nègres ; nous écartons poliment ses demandes de cartouches et le contentons avec une paire d'espadrilles, de vieux souliers et une bouteille vide qu'il nous demande avec instance.

**Razzia d'esclaves.** — Mais, au soir, nous assistons dans le pays qui nous environne au triste spectacle d'une razzia d'esclaves ; partout on voit flamber les villages, les gens se sauvent sur le lac. Les Rouga-Rouga reviennent chargés de poulets, de chèvres, de paquets de poissons, de moutama, etc., etc. Une troupe d'une trentaine de brigands parcourt sous nos yeux les collines et les bas-fonds de la rivière Maongolo où sont cachés de pauvres fuyards ; ils reviennent au soir avec femmes et enfants liés !

C'est un spectable affreux ! On voudrait pouvoir fusiller sur place ces ignobles bandits sans foi ni loi, qui volent ainsi des créatures humaines pour les plonger dans le double esclavage de l'âme et du corps. Nous aurions peut-être la chance de délivrer beaucoup de malheureux en permettant à nos gens armés de sauter sur cette troupe de démons incarnés, mais ce serait la guerre ouverte, et la Mission serait perdue.

Hélas ! quand donc un pouvoir européen quelconque voudra-t-il détruire cette maudite traite des esclaves et tous les maux qui en sont le triste cortège ! *Il suffirait d'un détachement de cinquante soldats européens* bien armés et acclimatés pour anéantir, en quinze jours de temps, toute cette vilaine troupe (un ramassis de deux à trois cents brigands) qui fait la terreur de tous les pays depuis Tabora par Oujiji jusqu'au Manyéma, et sur tout le Tanganika jusqu'à l'Albert-Nyanza.

Si la conférence de Berlin et les démarches des

consuls n'ont pu amener que de si maigres résultats, il faut reconnaître que le prestige de l'Europe ne doit guère briller aux yeux des indigènes qui espéraient voir disparaître les traitants avec toutes leurs infamies.

Mais qu'y pouvons-nous faire, pauvres missionnaires, sinon prier Dieu pour la pauvre race noire et pour ses pires ennemis qui sont les Arabes et les métis ! Mais qu'il est horrible de voir ces chasses à l'homme !

Au soir de ce triste dimanche qui ne s'effacera jamais de notre mémoire, le cœur plein de ces pensées, le T. R. P. Supérieur envoie le P. Vyncke au camp arabe pour demander qu'on mette au plus tôt fin à ces indignes vexations, que la troupe déguerpisse au plus vite et qu'on laisse rentrer nos nègres chrétiens dans leurs villages où on a détruit presque toutes les plantations. Le chef arabe, qui est incapable de faire respecter l'ordre dans les rangs de ces coquins, promet de partir demain matin de bonne heure, et nous laisse racheter, parmi les victimes de la chasse de cet après-midi, les femmes et les enfants dont nous pouvons payer la rançon. Tout ce que nous avons y passe. Jugez de la joie des élus qui peuvent entrer dans leurs foyers, mais aussi du désespoir des pauvres malheureux qui ne peuvent participer à la délivrance, et qui sont emmenés de force enchaînés à leurs cangues, au milieu de leurs cris de désespoir ! Oh ! que n'avions-nous de quoi les délivrer tous !

Lundi, 5 décembre. — Encore une fois, Dieu soit loué !... Ce matin, à sept heures, les oppresseurs, les meurtriers infâmes de notre paisible population sont partis et nous ont quittés à travers une pluie battante, emportant l'exécration de tous les indigènes. Ils étaient près de trois cents en tout, une troupe comme celles qui viennent de la côte avec tambour et drapeau, portefaix, femmes et enfants, etc... La caravane des esclaves suivait tristement. Une pauvre vieille emmenée en captivité, passant à côté du bon Frère Jérôme, veut s'attacher à ses habits et lui crie de la sauver ; mais il n'y peut rien et elle est entraînée comme une bête de somme, la corde au cou.... Il ne restait plus rien pour la racheter...

Ces tristes expéditions sont *de véritables pompes pneumatiques de l'enfer ; elles font le vide autour de nous,* tous les villages où nous allions encore hier faire le catéchisme sont maintenant de vastes déserts...

Une pauvre femme de celles que les Rouga-Rouga avaient prises, vient de mourir sous nos yeux. Elle s'était débattue en criant lorsqu'on l'avait arrêtée, ne voulant pas se laisser enchaîner ; alors un de ces brigands lui avait déchargé un coup de pistolet dans le sein. Elle tomba mortellement blessée et se tordait dans d'atroces douleurs ; nous la prîmes et l'emportâmes dans le tembé. Elle connaissait déjà un peu la religion, nous lui parlâmes du ciel et du baptême. Elle accepta celui-ci, le reçut et cessa de se plaindre. Elle est morte !

O Dieu ! qui nous délivrera de tant d'horreurs !...

*<br>* *

Espérons que ce cris de détresse du missionnaire sera entendu.

Espérons que la croisade anti-esclavagiste de Léon XIII, prêchée par le cardinal Lavigerie, et appuyée par les puissances réunies dans ce but à Bruxelles (1890), sous l'inspiration généreuse du Roi des Belges, Souverain du Congo, parviendra à mettre fin à cette cruelle chasse à l'homme, réprouvée par la charité chrétienne.

FIN.

# TABLE DES MATIÈRES.

## TABLE DES CARTES ET GRAVURES.

*Indigènes Congolais des rives du Stanley-Pool.*